「話さない」伝え方

——聴き上手な人に共通する会話のコツ——

Clover
クローバー出版

まえがき

「先生、会社の中でみんなの前に立って、話さなければならない立場になったのですが、なかなかうまく話せなくて」
「人前で話をすると、緊張して、背中に嫌な汗をかくんです」
「営業の仕事をしているのですが、何をどう説明していいのか」
「新人教育を担当しているのですが、なかなか私の言うことを聞いてくれなくて」
「教師をしているのですが、私がいくら注意をしても生徒は無視するんです……」

日々、そのような相談が寄せられます。
書店に行けば「話し方」「伝え方」「プレゼンテーションの技術」をテーマに

した本や雑誌が並び、よく売れているようです。しかし、本を読んだだけで、全員が明日からあなたの話に耳を傾けるようになるのでしょうか。
確かに、人前で話すためにはある程度のテクニックが必要です。しかし、私は「テクニックだけ」を学ぶのは危険だと考えております。

本書は、**「いかに話さないで話を伝えるか」**ということをテーマとしています。「話さなければ話が伝わらないだろう」と大いにお叱りを受けそうですが、敢えて、「話さない」ことをテーマにします。

なぜならば、「話すことが当たり前」だと思われたくないからです。「話し方」というものにこだわるから、うまく伝わらないのです。こだわるべきポイントは他にあります。そこで、本書は全体を5章に分けて具体例を交えながら説明をしていきます。即実践可能なものもあります。第1章は「話し手に学ぶ伝え方」、第2章では「リーダーの在り方」について、第3章では「自分を客観的に見る」について、第4章では「傾聴」について、第5章では「感謝し感謝される」をテーマに私の考えを説明していきます。

「人前で話してほしい」とお願いされるということは、言い換えれば「あなたに信用・信頼」があるからです。つまり、あなたにリーダーとしての素養があるからです。「あなたならみんなを引っ張ってくれる」「あなたなら売上アップに貢献してくれる」「あなたなら生徒がついていく」という思いが周りにあるからです。あなたは認められているのです。

しかし、あなたは、「どう話せばよいのか分からない」という思考にとらわれすぎていませんか。また、内容は一生懸命作ったものの、いざ前に立って話をするときに、聞いている人たちの反応がイマイチなことはありませんか。聴き手は無難な評価をし、分かったような分からなかったような表情で、特に何の質問もしません。そして次の日になれば、すっかりその内容が忘れさられています。話し終えたあなたは何かモヤモヤしたままです。そこで話し方について アドバイスを求めても適格な答えは返ってきません。せいぜい、「ゆっくり話せ」「早口になるな」「大事なことは最初に言え」「腹の底から声を出せ」「目を見て話せ」くらいのアドバイスでしょう。

聴き手の記憶に残らない話や、聴き手の行動が変わらない話を延々と30分続けて一体何が楽しいのでしょうか？　あなたの30分は、聴き手の30分でもあります。聴き手に「無駄な時間を過ごした」と感じさせず、たった30分の話がその後も聴き手に影響を与えるような話し手になるためには何が必要なのでしょうか？

それを伝えるのが本書の最大の目的です。

本書を読んで、人前で話すことの深みを理解していただき、これからのあなたの人生にご活用いただければ幸いです。

目次

「話さない」伝え方

目次

第1章

話し手に学ぶ伝え方

第2章

リーダーの「在り方」

第3章

自分を客観的に見る

第4章 傾聴ができていますか

第5章

あなたは憧れの対象ですか

第1章

話し手に学ぶ伝え方

第1節

「客、無視のスタッフ」と「思います」を連発する専門家

悪いのは客か、店員か？

2015年2月中旬、大阪は難波にあるスマホショップを夫婦で訪れました。我が家はすでに光電話を使っており、今回の新たなスマホのプランだと、最大で2000円割引だそうです。もともとこのショップは妻の職場の近くということもあり、よく利用させていただいておりました。新プランだと最大で2000円の割引は実に大きいです。

「あの、すみません。新しいプランのことで事前予約をしていた西と申しま

す」と私は切り出しました。20代後半のスタッフが対応してくれました。「どうぞ、おかけください」促されるままに私たちは座りました。

「今日はどういったご用件でしょう？」

この時点で私は少し「イラッ」としました。なぜならば、私はほんの10秒前に「新しいプランのことで事前予約をしていた」と伝えていたからです。


しかし、スタッフも来客対応などで忙しくしています。ひょっとしたら私の声が小さくて、最初の切り出しが耳に届いていなかったのかもしれません。そう思い、私はもう一度、今度は言葉を換えてこう言いました。

「光電話とセットにすれば、来月からスマホの料金が下がると聞いて、16時に事前予約をしていた西と申します。その詳細を伺いに来ました」

スタッフもようやく理解してくれたようでした。

ところが、この後のスタッフの対応の結果、私たちは、結局、最終的な手続きをせずに切り上げてしまいました。

お客様無視

スタッフは、「西様。お待たせしました！　そうなんです。最大で2000円割引になるのでお得ですよ。すでに光電話を使用されているのですね。そうすれば2000円割引になります。スマホでネットもお使いですよね。それならば、断然新しいプランがお得です。○○放題だと、かなりお得ですよ。例えば、お客様が○○放題に加入されている場合は、月々の料金は……になって、光電話とのセットで2000円さらに安くなって、プロバイダ料金が……で」延々と話し続けます。スタッフの手元にパンフレットはあるのですが、全く開いていません。

私は妻の顔が怒りに満ち溢れているのがすぐに分かりました。また、私自身もこのスタッフの説明にあきれ返ってしまいました。

このスタッフの何が良くなかったのかを整理すると次のようになります。

①私たちのスマホの利用プランについて全く確認していない。つまり、私たち夫婦がスマホを持っている時点で○○放題に加入していると思い込んでいる。

②自分の言いたいことだけを言っている。

③新しいプランのメリットばかり伝えている。

④料金についてパンフレットを使ったり、書いたりせずに、口頭だけで伝えている。

妻はスタッフの話を一通り聞いた後、「私たちは○○放題に入っていません。私たちが入っているのは○○プランですが」と伝えました。

この後、スタッフの表情が一変します。明らかに焦り始めました。そして、「○○プランから○○放題に変えてください。そうすれば、最大2000円割引です」と、私たちの意向も確かめずに、説明を続けます。

妻は、「はあ？　こいつ、何言うてるねん」という様子でした。○○プランから○○放題に変えると、実は月額利用料金が今よりも上がります。この情報については、前回、同店での事前予約の段階で確認済みでした。だから○○放題に変えるつもりはありませんでした。しかし、CMや事前予約の段階では「最大で2000円割引」と強調しているから、○○プランならば、光電話とセットで一体どのくらいの割引になるのかを知りたくてショップをもう一度訪れたのです。

妻が「現在の私たちが加入しているプランは○○プランです。私たちはスマホで、それほどネットを使っているわけではありません。せいぜい3GBです。○○放題に変えると、今の月額料金よりも高くなるのは、前回（ここを）訪れた時に調べてもらっています。今日伺ったのは、現在の○○プランを変更せずに、光電話とセットにすると一体いくら安くなるのかを聞きたかったからです」と説明しました。さすが、妻。強い！

ようやく、彼はパンフレットを開いて料金欄を指さしました。「では、今の○○プランだと割引は500円になりますが。今、毎月どのくらい（スマホで）ネットを使っていますか」

さらに、この「今、毎月どのくらい（スマホで）ネットを使っていますか」の言葉で私は「ああ、終わったな」とこのスタッフに憐れみすら感じてしまいました。つい先ほど妻は「せいぜい3GBです。だから○○プランから○○放題に変えると、かえって月額料金が高くなるから、○○放題に変えるつもりはない」と伝えたばかりだからです。

「もう結構です！」強い口調で伝え、私たちはその場を去りました。

このスタッフの失敗から私たちが学ぶべきことがあります。
それは、次の3点になります。

①相手の話（要求）に耳を傾けること。
②一方的に話さないこと。
③複雑な説明をする場合は、資料を見せたり、イラストや図形などを書いて説明すること。

「と思います」を連発する専門家

2020年になり、新型コロナウィルス（COVID-19）関連の報道が爆発的に増えています。私はよく情報番組を観ます。そこに登場する専門家は大きく分けて2種類います。

一つは「信頼できる専門家」、もう一つは「信頼しがたい（本当は信頼すべきだが、イマイチ話が伝わらない）専門家」です。その違いは何でしょうか？

それは、コメントの「語尾」にあります。

「検査はされていると思います」

「結果が出るまでに時間はかかると思います」

専門家の話をよく聞いてみてください。「と思います」を連発している専門家がいます。もちろん「専門家＝話し上手」という関係は必ずしも成立しないのは理解できます。しかし、「専門家ならば断言してほしい。あいまいな情報を出さないでほしい」と視聴者は考えて当然です。

専門家として様々な研究をされて、知識もある方です。テレビに呼ばれるくらいだから、相当の権威であるのは推測できます。しかし、「と思います」という表現が、視聴者に不安を与えています。

「と思います」がなぜ、悪い印象を与えるのか？

「と思います」は、「自信のなさ」や「責任回避」を表します。

「頑張ります」VS.「頑張ろうと思います」
「最後までやりきります」VS.「最後までやりきろうと思います」
「クラス一丸となります」VS.「クラス一丸となろうと思います」

「断言している」文と「と思います」を使っている文とでは感じ方が異なります。

専門家ならば、**視聴者の不安を理解したうえで、あいまいなことを言わず、明確に伝えるべき**です。

「検査されていると思います」と自信なさげに伝えるのではなく、「検査されています」「検査されているかどうか、現時点では不明なので、本日中に調査し、明日、12時にテレビで報告します」と伝えるだけで、「信頼できる専門家」という印象を与えることができます。

【要チェック！】

気づかないうちに口癖になっていませんか？

先日、ある動画を見ていたところ、なんと1分間のうちに3回も次のような表現を使っている講師がいらっしゃいました。

「〜じゃないのかな、と思います」「〜というふうに思います」「十分注意されたほうがいいかな、と思います」

特に、動画の「最初の部分」でこのような表現を連発していました。動画が進むにつれて、講師も調子が上がってきたのか、「と思います」という表現はほとんど使わなくなりました。

以前、ご一緒させていただいた講師で、20分程度のスピーチを拝聴する機会がありました。その講師はなんと、20分間に105回も「えーっと」と言っていました。ほとんど無意識なんでしょうね。

人前で話をする前に、自分の話し方を動画で撮影し、口癖をチェックしてください。

聴き手に配慮した説明の仕方

「検査されているかどうか、現時点では不明です」で終われば、「不明」という言葉が余計に「不安」を増幅させてしまいます。そこで、「検査されているかどうか、現時点では不明なので、本日中に調査します」と言葉を付け足すだけで、「あっ、この専門家は、きちんと行動してくれるんだな」という印象を与えます。しかし、「調査した結果」を知りたいのが視聴者です。「検査されているかどうか、現時点では不明なので、本日中に調査し、明日、報告します」のように「明日、報告します」を付け加えると、さらに印象が良くなります。しかし、これでは不十分です。「明日、報告」というのは、一体明日の何時に報告なのか、どのような形で報告なのかが不明です。そこで、「検査されているかどうか、現時点では不明なので、本日中に調査し、明日、12時にテレビで報告します」とさらに詳細な情報を付け加えましょう。

　これが「聴き手」に配慮した話し方になります。

「話す人」がいるということは、独り言でない限

り、必ず「聴き手」が存在します。**聴き手の心理状態を想像したうえで、どのような言葉を選べばよいのか選択する「賢さ」が話し手には必要です。**特に、テレビやオンラインミーティングのように直接相手の表情を確かめられない状態で話す場合には、より聴き手に配慮した話し方を心がける必要があります。

第2節

たかがアルファベット、されどアルファベット

大学を卒業後、私はある学習塾に入社しました。そして、専任講師となり2年目の頃でした。担当教科は英語でしたが、「アルファベット」の教え方に非常に苦労したことを覚えています。

読者の方は「アルファベットなんて教えるのは簡単やん」と思うかもしれません。しかし、**『教える』ことと『伝わる』こととは別問題**です。

あなたがもし、「部下が動いてくれない」「言いたいことが伝わらない」「何回も言っているのに理解してくれない」「プレゼンがうまくできない」など、人にうまく伝えることができないのならば、次の私の体験をじっくりと読んで

ください。逆に、そうでないならば、この本の内容はあなたにとって価値はないでしょう。

「知っている内容」と「知らない内容」は7：3

新・中学1年生にアルファベットを教える授業でした。当然ながら生徒たちの多くはアルファベットの発音を知っていました。また、かなりの生徒がアルファベットが書けていました。ご家庭の教育方針で早くから英語を習っている生徒もいましたし、メディアを通じてアルファベットに接する機会も多かったからかもしれません。

だからこそ、私は苦戦したのです。なぜならば、「すでに知っている内容を教える」のは教える側も苦痛ですし、また、教えられる側も苦痛だからです。

一般的に「相手に伝わる内容」にするためには「相手が知っている：相手が知

らない」の割合を7：3にします。このバランスが、9：1だったり、10：0だったら、「聴いている側」は退屈で、あくびもするし、うたた寝してしまいます。逆に、1：9や0：10ならば、「話す側」は「これだけの新しい情報を伝えたのだから、きっと相手も喜んでくれるはずだ」と自己満足に陥ります。しかし、「聴いている側」は、**あまりの情報の多さに途中から整理しきれなくなったり、メモを取ることすら面倒になったりしてしまいます。「教えすぎること」は絶対に避けなければなりません。**

「当たり前が当たり前ではない」ことに気づけるか

入社当時から英語を教えていて気づかされたことの一つが、**「当たり前のように思われていたことが、実は『当たり前ではない』という事実に直面した時に、子どもたちは満面の笑みを浮かべる」ということ**です。

例えば、アルファベットのAを取り上げてみます。あなたはこのアルファベットを何と発音しますか。おそらく「エー」と発音するでしょう。しかし、正確には「エイ」なのです！

この事実を伝えると、ほとんどの生徒が「エー！」と驚きます。新・中学1年生にすれば今まで生きてきた12年間、Aを「エー」だと思っていたからです。その「当たり前」だと思っていた事実が「当たり前ではなかった」ということに直面した時の子どもたちの驚く姿を見て、私は「ドヤ顔」になります。

他にもCを取り上げてみましょう。「シー」と発音していませんか。敢えてカタカナで書けば「スィー」なのです。だから、「エイ」「ビー」「スィー」と私が発音すると、生徒は「えっ?」「シーとちゃうの?」という顔をします。そして何度も何度もしっくりしない顔で「スィー」「スィー」と発音しています。

今でも高校や大学で教える時に、テキストにCと書かれていたら私は当たり前ですが、「スィー」と発音します。すると学生たちは、「えっ、先生、なんかおかしな発音したんとちゃうん?」という表情で周りの友達と顔を見合わせています。「おかしな発音をしているのは君たちですが」と私は心の中でいつも笑っています。

ハワイで実感したカタカナ英語の壁

大学生の時に祖母と二人でハワイに行きました。こんな機会もないし、祖母孝行（実際は旅費はすべて祖母に出してもらいましたが）だと思い、1週間ほどハワイ旅行を楽しみました。その時に私が体験したことは忘れられませんし、講師となった現在でも、これから述べる話を毎年します。それが先ほど述べたC「スィー」につながっているからです。

私は当時爆発的にヒットしていたブルース＝ウィリス主演の映画「アルマゲドン」のCDが欲しくて仕方がありませんでした。そこで本場アメリカで売っているCDを記念に買って帰ろうと思い、ミュージックショップに買いに行きました。スタッフが近寄って来て〝May I help you？（いらっしゃいませ）〟と声をかけてくれました。「おっ、中2の教科書で習った通りだ！　教科書の英語はホンマに使われるんや！」と感動しました。そこで、私はカッコよく〝I'm looking for a CD.（CDを探しています）〟と答えました。

ところが、スタッフはキョトンとした顔をしています。私は「ひょっとして英語が分からへんのかなあ？」と思い、もう一度〝I want a CD.（CDが欲しいのですが）〟と表現を変えてみました。それでも通じなかったので、〝Compact Disk.〟と言い直してみると、そのスタッフは〝Oh, CD!〟とやっと理解してくれました。

そして、やっと私は気づきました。私はCDを「シーディィー」と発音したのですが、それが通じなかった原因です。「シーディィー」ではなく、実際は「スィーディィー」なのです。「そうだったのか！　Cは『シー』ではなく『スィー』なんだ」と本当に目からうろこでした。

次にそのスタッフは、〝What CD do you want？（何のCDが欲しいの？）〟と尋ねてくれました。

そこで私は「アルマゲドン」と答えました。映画のタイトルが「アルマゲドン」だったからです。ところが、また通じません。そこで、「ブルース＝ウィリス、（当時は「隕石」なんて英単語を知らなかったので）Stone from the sky」と伝えると、またまた〝Oh, アッマゲドン〟と答えてくれました。

「カタカナ英語はこんなにも本場の英語とは違うのか」

学生時代から塾でアルバイトをしていた私が「これからはちゃんと発音の仕方を学び、正確に子どもたちに伝えねば」と痛感した瞬間でした。

「察する」では伝わらない

人は「自分が伝えていることは相手にも伝わっている」と思い込んでしまうものです。自分がイメージしていることは9割9分相手も同じものをイメージしていると無意識に考えてしまいます。だから、「この前、言ったでしょ(怒)」ということになります。

特に日本の文化は「察する」文化であり、古くから「察する」ことを重視してきました。だから多くを伝えなくても「分かるだろう」と考えがちです。

しかし、**正確さが求められるビジネスや教育の世界では「察する」は通用しません。「これくらい分かるやろ」では、自分の希望は伝わらないのです。**

あなたが指示をする側に立っていると仮定しましょう。当然、あなたはたくさんの情報を握っています。しかし、指示される側は「全体像が見えていない」「見通しが立っていない」状態であるため、あなたよりも情報が少ないのです。あなたはA、B、Cと伝えていても、相手にはAすら伝わっていない可能性があります。**「相手と同じ目線に立つ」ことが大事であり、少しずつ相手に情報を与えて引き上げていくことがリーダーとして、上司として、先生として必要です。**

ある大学のコミュニケーションの授業で以下のようなペアワークをしました。一人には「正三角形・正四角形・円」が複合的に書かれた紙を渡しました。紙を渡された側にその図形の組み合わせを「口頭だけ」で説明させ、もう一人に正確に書いてもらうというワークです。なんとなくうまく書けたペアもいましたが、やはり正確さに欠けていました。その原因は、**「数字を使っていない」**というところにあります。

多くの学生が「まず、大きな四角形を書いてください」から始めていました。この「大きな」という言葉は、主観的表現です。つまり、「大きい」という感覚は人によって異なるということです。しかし、「一辺20センチの正方形を書いてください」と伝えればどうでしょうか。書く側は正確に一辺20センチの正方形を書くことができます。

自分が見ているものを相手にそのまま伝えるのは難しいものです。だからこそ、「この伝え方で、相手に伝わるのか」を考えなければなりません。「相手がいる」「相手の経験値に合わせる」という聴き手に配慮した話し方が話し手には必要なのです。

【要チェック!】

あまり反応がない社員に対してどう接するか?

現場のＯＪＴなどで、後輩社員を指導されている方から、「あいつ、ほとんどしゃべらなくて、何を考えているのか分からないんです。何回説明しても、分かっているのか、分かっていないのか……どうしたらええんやろ？」と相談されることがありました。

指導する側をＡ、後輩社員をＢとします。Ａは「自分が説明した通りにＢもできるだろうから」と「同じようにできること」を期待しがちです。しかし、ＡもＢも育ってきた環境やコミュニケーションの取り方は全く異なります。「同じようにできる」と考えるほうが不自然です。

私は授業では「口頭で説明する」と同時にホワイトボードに文字を書いて説明もしますし、また、簡単な図形と矢印を書きながら説明をします。なぜならば、生徒の情報処理にかかる速度が異なるからです。私が「口頭で話した内容」を見事に自分の頭で可視化できる生徒もいれば、「書かれた文字」を何度も読んで、「あっ、そうか！」と理解する生徒もいます。

つまり、理解のしかたは人それぞれなのです。それにもかかわらず「全員に対して同じように説明する」というのは適切ではありません。

いくら話しても期待以上にならない場合は、**「話す」のをやめて、別の方法を試してみる**のはいかがでしょうか。「書いて説明する」「作業工程をさらに細分化して、チェックをつける」などの方法が有効かもしれません。

第３節

相手ではなく、自分を変える

講師の研究熱心さが相手に伝わる

ところで、あなたは英語が得意でしょうか。学習塾で勤務していた頃、よく次のような質問を保護者からされました。

――「先生、うちの子、英語が嫌いなんです。どうすればいいでしょうか」

「なんて答えにくい質問をしはるねん」と当時の私は思っていました。この質問が来るたびに「絶対にこの手の質問をさせないように自分の授業を磨かねば」と固く決意し、様々な本を読んだりインターネットで英語に関する情報を検索したりしました。

新人時代の私は、下手な答え方をしたものです。

――「まずは英語に興味を持たせることが大事ですね」

英語が嫌いで興味がないから、わざわざご相談にいらっしゃっているのに、実にトンチンカンな答えをしたもので恥ずかしい限りです。

今ならば、胸を張って「私の授業を体験してみてください」と言えます。

当時の部長がおっしゃっていた言葉が今も胸に響いています。

「80分の授業で全部教えようとしたらアカンなあ。80分の授業はキッカケにしかすぎない。どうやって家庭で勉強するようになるか、積極的に勉強するようになるかを伝えないとな。『テキストを教えるのではなく、テキストで教える』

ことが大事や」

この言葉は今も自分の授業の支えとなっています。「英語っておもろいやん」「今まで嫌いやと思っていたけど、英語の勉強は必要やと感じた」「勉強はしんどいけど、タメになる」「ひょっとしたら俺でもできるんとちゃうか」と生徒たちに感じてもらえるように、日々研究を行っています。しかも、研究すればするほど、楽しくて仕方ありません。「なぜ、そうなるのか」気になりだしたら止まらないので、夜中でも目が覚めたら調べるようにしています。塾講師時代は、市販の参考書を使っていましたが、大学で教えるようになって「論文」をベースに調べるようになりました。ここ2、3年は英語史にもはまっています。調べたことを授業で還元することによって、明らかに生徒の反応が変わります。先日もある高校2年生の男の子が、「だから、そうやったんや！　先生、今までの疑問がすっきり解決したわ！」と授業中に大きな声で感動してくれました。

話の中に、多くのフックを用意しておく

私は生徒にもっと英語に興味をもってもらえるように、授業の中に多くのフックを用意しています。フックとは、「引っかけるもの」「吊るすもの」です。帽子をかけたり、ひもをかけたり、コートをかけたりする、あのフックです。私は「生徒が興味、関心をひくネタ」を授業の中に意図的に入れていきます。

Aの発音も、Cの発音も、「へぇ」と思わせる一種のフックです。「音声学」のことについて時間を割いたこともあります。そこから「音声学」に興味を持った子どもたちが外国語大学や外国語学部に進んだこともあります。

Zも面白いです。あなたは、このアルファベットをどう発音しますか。「ゼット」でしょうか、それとも「ズィー」でしょうか。イギリス英語では「ゼッド」に近いそうです。アメリカ英語では「ズィー」です。中学生が使う英語の教科書はアメリカ英語を基本にしていますので、Zを「ズィー」と発音

します。しかし、某アニメは「ゼット」ですね。ということは某アニメはイギリス英語？

「世界にはアメリカ英語とイギリス英語があって……最近はイングリッシィーズと表現されます。オーストラリア英語、ニュージーランド英語、シンガポール英語（シングリッシュ）など、様々な英語があってな……」

「実はネイティブは世界でもたった4億人くらいなんやで。世界の人口から見てもネイティブって圧倒的に少ないやろ。みんなが仕事をする頃には、ノンネイティブと一緒に仕事をしている可能性って高いんとちゃう？」

子どもたちはそんな話を今まで誰からも教わったことがないので、とても興味を持って聴いてくれます。授業も一昔前とは違い、少しずつ教室内に Wi-Fi が完備され、プロジェクターも使えるようになってきているので、その場で YouTube や様々な写真を見せて、視覚的に伝えることも可能になってきました

（もう口頭やチョーク・マーカーだけで教える時代は終わりそうです）。

このように、身の回りの「当たり前」に注目して、そこから「新しい知識に広げる」ことで、子どもたちは大喜びしてくれます。普段から「フック」はあちこちに落ちています。それを意識して拾うことが、リーダーとしてしなければならない努力です。

[要チェック!]

カリスマ講師はほんの一握り、努力でカバーせよ

「リーダーの資質がない」「講師として才能がない」と言う方がいらっしゃいますが、本当にそうでしょうか?

私は、カリスマ講師はほんの一握りだと考えています。やはり、第一線で活

躍している講師は努力のカタマリです。

私の友人に国語を指導している予備校講師のY先生がいます。Y先生は私よりも7歳下ですが、彼の結婚式に招かれた時に、彼の恩師から伺って非常に感動した話があります。

Y先生は大学生時代に、なんと大手予備校に生徒として通っていました。それは「自分は恩師のように予備校講師を目指したい。だからもっと勉強したい。そのため、先生の授業をもう一度受けさせてほしい」ということで、大学生ながら予備校に学びに行っていたそうです。

そして、恩師は私にこうおっしゃいました。

「Y先生は、テキストに使うフォントや文字の大きさ、余白の幅まで計算してテキストを作っている。そこまで考えてテキストを作る講師が今の時代どれだけいると思う？　やっぱり、Y先生は凄いで！」

Y先生以外にもう一人紹介します。元IT系大手企業で勤務され、退職後、数学の講師兼教室運営責任者の一人として、私が非常にお世話になったU先生です。U先生は、残念ながら体調を崩されてお辞めになったのですが、そんなU先生から、私は様々なヒントをいただきました。私は大学で、普段はパワーポイントを使って授業をしています。そのため、「高校生にもパワーポイントで授業をしてみたら面白いんとちゃうかな」と思い、早速試作品を作り、U先生に見ていただきました。U先生は、次のようにおっしゃいました。

「面白いですね。でも、なぜ、この色なんですか？ 色の組み合わせは考えはりました？ カラーの専門家に訊いてみたほうがいいですよ」

私は、ハッとしました。アニメーションの使い方とかITならではの答えが返ってくると想定していたのですが、「色使い」の話になるとは思ってもいなかったからです。

私は確かに英語を教えていますが、だからといって英語の先生ばかりにアドバイスを求めることはありません。どちらかというと、英語の先生以外からアドバイスをもらうようにしています。なぜならば、別の角度からアドバイスをいただけるからです。「思い込み」は非常に危険です。だからこそ、常に新しい知識を求めて自分をアップデートさせていかなければなりません。

時には発想を変える

今から紹介する内容は英語教師としては失格かもしれませんが、生徒をやる気にさせ、成功した事例です。いまだに、元同僚のT君が覚えていてくれて、非常にうれしかったです。

高校入試直前に入塾してきたある女の子の話です。高校受験も目の前だというのに、全く英語ができませんでした。amとareとisの区別もつかないのです。「これは普通の教え方では間に合わない」「ひょっとしたら中学浪人かもしれない」という考えが頭をよぎりました。とにかく「Iの時はam」を覚えてもらいました。しかし、Weの意味を覚えることができません。どうしたものか、一晩中、考えに考え抜きました。あんなに「W」を見続けたのは世界でも私くらいではないでしょうか？　ものすごい邪道なことを思いつきました。

「Wを見てごらん。Iが4本あるでしょ。つまり『私が4人』だから『私たち』だよ」

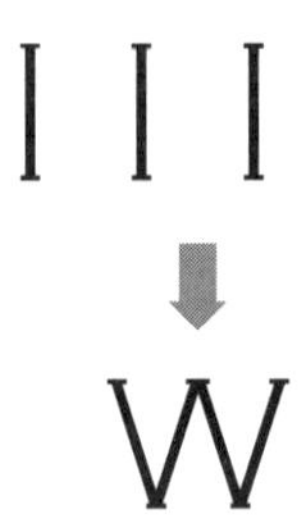

この子は「すごい！　そうだったのか」と感動してくれて、そこから何がどうなったのか分かりませんが、英語が大好きになってくれました。入試までわずかな日数でしたが、文法問題をガンガン解いて、必死になって覚えてくれました。他の生徒が一日に扱うページを10ページとするならば、彼女は50ページくらいこなすくらいの勢いでした。まさに「ゾーンに入った」状態でした。そして無事に高校に合格しました。

普通の先生ならば「Weの意味を何度も言わせる」とか「覚えるまで何度も書きなさい」などと指導します。もちろん、その先生は生徒のことを思っているからこそ指導にも熱がこもります。し

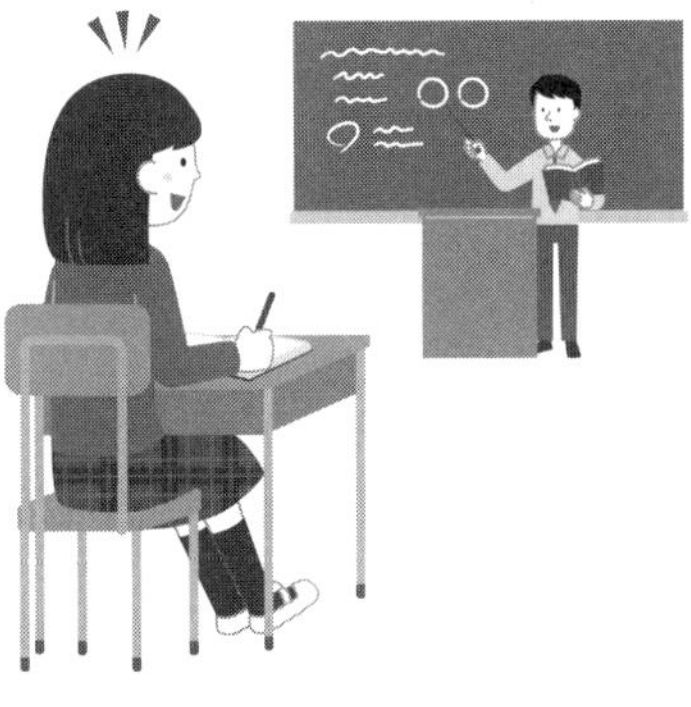

かし、どれだけ時間をかけて指導しても、大声を出しても、生徒が変わらない……。そんな現場をよく目撃しますが、**「生徒を変える」のではなく、自分が変わらなければなりません。**あなたの教え方は「音読すること」と「書かせること」の2つだけですか？　と私は言いたいです。他の手段を研究しましたか？　他の手段を試してみましたか？　**リーダーのマインドが変わらなければ、相手は動いてくれないのです。**

第2章

リーダーの「在り方」

第1節

リーダーは主役ではない！

主役を間違えていませんか？

私は「プレゼン」の研修をさせていただく時に、必ず次の質問をします。

「話し手」と「聴き手」のどちらが主役ですか？

残念なことに、参加者のほとんどは『話し手』が主役」だと考えています。
そのように考えるから、うまく伝わらないのです。
あなたが本物のリーダーになりたいのならば、ここで次のように認識を改めなければなりません。

「聴き手」こそ主役

つまり、あなたの部下、顧客、生徒こそが主役なのです。**主役が輝ける舞台を用意するのが、リーダーとしての役割です。**

私は学習塾に勤務していた頃、大きな失敗をしました。それは、ある生徒に「望まない苦痛」を与えたことです。その生徒は、毎回宿題を忘れてきました。宿題を忘れるから、小テストをしても点数はゼロ。授業にもついてこられない。中間・期末テストは平均点より大幅に下でした。ついに、私は堪忍袋の緒が切れました。

「授業を受けなくていいから、今、ここで、単語を200個ずつ書け！　単語は全部で50個あるから、合計10000個や！　今まで宿題で忘れてきた分、全部やってから帰れ！」

その生徒は、ふてくされた顔でもくもくと単語を書いていましたが、次の日には「退塾の申し出」がありました。

私にとっては苦い記憶です。二度と味わわせたくない、そして二度と味わいたくない嫌な記憶です。全くその生徒と向き合うこともせず（まともに話をした記憶すらありません）、「宿題を忘れたから叱る」の繰り返しで、挙句の果てには、私自身でもできないような課題を与えてしまいました。あの時、しっかりと彼に寄り添い、彼の話や保護者の話を聴いて解決方法を共に考えることができていれば、そして、彼が輝ける舞台を用意することができていれば……と今さらながら後悔の念でいっぱいです。

確かに指導においてはある程度の「強制力」や「ルールを遵守させること」

は必要です。しかし、それは生徒自身にとって外的な圧力であり、一時的には良くなるかもしれません。しかし、長続きしない動機付けです。

やはり、最も効果があるのは「内発的動機付け」です。生徒自身が気づき、行動するようにリーダーが促してあげなければなりません。自分で「やらなければならない！」と気づくと、体の中から熱いものがこみあげてきます。それが大きなエネルギーとなったり、今まで不可能と思われたことが可能となったり、突然「ひらめき」という形で上から降ってきたりするのです。

「あなたの部下が動かない」「部下がよくミスをする」などの状況が発生した時に、今一度、リーダーとしてのあなたの普段の言動を省みてください。「おまえのためやから」と言いながら、**相手の状況を冷静に確認することなく叱ってばかりいませんか。**

「（塾の）教室で一番偉いのはだれか」

これはかつての上司が私に問いかけた言葉です。

私が「塾長ですか？」と答えたところ、その上司は、紙に三角形と逆三角形を左右に並べて書き始めました。

「一般的な会社組織は『三角形』や。頂点に社長がいて、部長、課長、係長、平社員、非常勤講師がいる。しかし、一番人数が多いのはどこや？　非常勤講師やろ？（逆三角形を指差しながら）非常勤講師がいなければ教室の運営はやっていけないし、生徒や保護者からの信頼もなくなる。非常勤の先生たちが活躍できる場や喜んでもらえる場を作るのが、専任講師の仕事やろ！　塾長の仕事やろ！」

第2節

約束を守らないと、信用されない

入社したての頃の話です。小学校3年生の算数を教えていました。文章問題で、一通り基本的なことを例題を使って説明した後、練習問題を解かせていました。制限時間は5分。一生懸命考えています。数名の生徒の中でたった一人の女の子だけが、式を書いては消し、また式を書いては消しが続いていました。せっかく正しい式を書いてもすぐに消してしまいます。他の生徒はすでに問題を解き終わっていますが、その子だけはずっと問題とにらめっこしています。私はもどかしくなってきて、つい「その式、合っているから消さんでもええよ」と言いました。何とか解いてほしいという親切心から出た言葉でしたが、それ以上に私のイライラした気持ちもありました。今日中に終えてしまわなければならない単元がありました。また他の子もすでに解き終え待っています。そのため消してばかりいる彼女に対して腹立たしくなっていました。

私は、ヒントを与えたことで彼女が安心するとばかり思っていました。しかし、「なんで、先生言うん？」とかなりムッとした表情を見せたのでした。

約束を破ったら信用されなくなる

確かに、私が与えたヒントに対して「ラッキー」と喜ぶ生徒もいますし、彼女のようにヒントを与えたことに対して不満を感じる生徒もいます。

では、彼女はなぜ私に対して不満を感じたのでしょうか。理由はいくつかありますが、私が一番感じたのは「私が約束を守らなかった」ということです。

私は「制限時間5分」という約束をしました。当然彼女にしてみれば、1分で解こうが、4分59秒で解こうが、5分ぴったりで解こうが、彼女は私との約束を果たしたことになります。しかし、私自身が「制限時間5分」を守らずに早く終わらせたいがためにヒントを与えてしまったのが、彼女を怒らせた最大の原因だと私は考えています。

いったん「任せる」とこちらが言ったにもかかわらず、「やっぱり任せられない」というふうに伝わったのでしょう。せっかく彼女自身が全力で考え、困難に立ち向かっていたにもかかわらず、「進度を優先したい」「待たせている他の生徒に悪い」という私の浅はかな考えのせいで「やる気」を挫かれたのだから、相当腹が立ったに違いありません。自分ファーストにこだわり、相手ファーストにならなかったら、こちらが「良かれ」と思ってやったことが逆に相手を傷つけてしまうことになるのです。

本当に「優しい」先生とは？

逆に、「ヒント」を与えたことで喜ぶ生徒もいます。私たち大人も困ったことがあれば助けを求めて、インターネットで検索したり、友人や専門家に訊いたりします。しかし、それらは自ら「そうしよう」と選択した「自発的行為」です。

私が小3の授業で行ったのは、リーダーたる私が「勝手に」手を差し伸べた行為でした。「早くカリキュラムを進めたい」「解き終わっている他の生徒を待たせたくない」という私の勝手な判断でそうしました。

もし、彼女が私のヒントに対して「ラッキー。先生ありがとう」と言っていたらどうなっていたのでしょうか。「分からないことがあれば、あまり考えないで先生に質問すればいい」という単純な思考回路ができあがってしまっていたかもしれません。特に自分で「自発的」に調べることなく、「分からない↓少し考える↓でも分からない↓じっとしている↓先生が心配してくれる↓先生がヒントを出してくれる↓あの先生は優しい↓『自分で考えろ』という先生は、嫌な先生」ということになる可能性があります。

このような対応をし続ければ、子どもは自分で考える力や行動する力を失うかもしれません。このような対応をしている先生は、表面上「教える」ことはしていても「育てる」ということをしていません。

あなたは普段、どのように部下や社員に接していますか。**考えるチャンスや行動するチャンス、失敗するチャンスや経験するチャンス、経験から学ぶチャンス、経験を生かすチャンスを奪っていませんか。**

第3節

任せることで、相手も自分も成長する

我慢して任せられるか

入社して8年目に、比較的大きな教室を任されました。新入社員もいたり、なりたての非常勤講師もたくさんいました。新入社員を育てるためのプログラムも用意されていましたが、教室をとにかくスムーズに運営するためには、自分が先頭を切って走らなければならないと思って東奔西走していました。

他の社員に任せれば良いところを「自分がやったほうが早い」と思い、新入社員よりも早く出社してできる限りの業務をこなしました。一人で十役こなした気分でした。そのため、かなり自己満足をしていました。

そんな時、ベテランの事務の方から思いっきり叱られたのです。

「なぜ、あの子に任せないの？」

「確かに、西さんは仕事が早いし、仕事も正確にこなせるけど、それではあの子は育たないよ。西さんの役割はそうじゃないでしょ。**あなたはもっと重要なことをしなければならないんだから、きちんと仕事を振ってあげなさい。**失敗したっていいじゃない。失敗から学べることもたくさんあるんだから、今のうちに経験させてあげないと、あなた、いけないわよ」

天地がひっくり返るくらい、ガツーンときました。今まで、そんなことを言われたことがなかったからです。

その日、書店に寄って本を買いました。題名は忘れましたが「リーダーは馬鹿になれ」という内容でした。

私のイメージでは「リーダーは秀才か天才。間違ったことはしない。常に完璧で仕事が早い」でしたが、事務の方のアドバイスと、その本のおかげで「リーダーのあり方」について考え直すきっかけになりました。

共感されるリーダーを目指して

その日以来、私は「馬鹿」になろうと決意しました。

一段も二段も高いところにいるリーダーではなく、相手と同じ段まで下り、何なら、相手よりも一段も二段も低いところに立つことにしました。

「西さんだって失敗するんや（大きな失敗や責任ある失敗は絶対に回避したが）」「西さんだって間違うこともあるんや」「西さんだって分からないこともあるんや」と言われることにだんだん満足し始めました。

「傾聴の仕方」についても勉強しました。今まで自分がやってきたのは「ある程度聴いてから、自分で話す」方法でした。しかし、**私が答えを言うのではな**

く、「相手に自分の言葉で答えを言わせる」ような聴き方をするように心がけました。

そうすると、多くの講師が共感してくれるようになりました。仕事のことだけでなく、プライベートなことや恋愛のことなど、様々なことを相談してくれるようになりました。

私自身が最も大きく変わったのが、「人に仕事を任せられるようになった」ということです。それには、かなり勇気が必要でした。「失敗させてしまうかもしれない」「クレームが来るかもしれない」「自信をなくさせてしまうかもしれない」「非常勤に迷惑をかけてしまうかもしれない」……そんなネガティブなことばかりが頭をよぎりました。車を運転しながら心配事ばかり考えているから、思わず赤信号で突っ込みそうになったこともありました。しかし、結局は任せて正解でした。「任された」方も一生懸命になって取り組んでくれました。「任される」というのは、それだけ「信頼されている」というように感じ取ってくれたのかもしれません。それ以上に、「成長できている」自分を感じてくれたのかもしれません。

[要チェック!] 「共感」と「仲良し」は全く異なるもの

「共感」という言葉を「仲良し」と考えてはいけません。「仲良し」は時には災いをもたらします。注意するべき時に、「嫌われるのは避けたいから」という理由で注意をしない人がいます。それは大間違いです。「注意」というのは「意識を正しい方向に注がせる」ということです。

注意をすることで相手が不快な思いをせず、「確かにリーダーの言う通りだな」と納得できるならば、お互いが「共感」しあえているということになります。逆に注意されたことで相手が不快な思いをしているならば、相手に寄り添っていない「一方通行」ということになります。

【要チェック!】

ネガティブ思考こそ、役に立つ

よく「ポジティブに考えよう」と言います。私は、あまりその言葉が好きではありません。なぜなら、私はネガティブ思考だからです。ネガティブ思考だから、「失敗したくない」という考えが先に立ちます。そして失敗を回避するためにどうすればよいか、徹底的にシミュレーションします。考えられるだけ考えて、分からないことは問い合わせて、一つ一つ問題点を解決するようにしていきます。とことん考え抜いたからこそ、最終的にはポジティブな結果になります。「何も考えないでポジティブになろう」は、個人的には課題解決にはつながりません。ただし、「奇跡」は信じます。ただ、奇跡も「本当に努力している人」のところにだけやってくると考えています。

第4節

情報を共有する

情報がないから、余計に不安になる

私は一度、入社4年目にある方と喧嘩しそうになったことがあります。なぜなら私だけが情報を知らせてもらえなかったからです。もちろん、「伝えてもよい情報」と「伝えるべきではない情報」があるのは分かります。後者に関しては「特定の人しか知らなくてもよい情報」と言い換えてもよいかもしれません。情報の質にもよりますが、情報が伝えられないと、その分不安は増してきます。逆に、情報が多すぎるのも問題です。どの情報が正しくて、どの情報が誤っているのか、判断できないことが多いからです。

情報が知らされないと、お互い疑心暗鬼になり、職場の雰囲気も悪くなります。周りで勝手にコソコソやられると「のけ者」にされた気分になってしまいます。だから、私は情報を社員だけでなく非常勤講師にもできるだけオープンにするようにしました。透明性のある教室運営を心掛けたのです。さらに「馬鹿なリーダー」に徹しているから、どんな話でも勝手に耳に届くようになりました。

また、他の社員に仕事を任せる時も、「ちゃんと途中経過を報告しろよ。どんな些細なことでもいいから、教えろよ」と一言付け加えるようにしました。それでも言わない人がいますので、こちらから「あれ、どこまで進んでるん?」「あれって、もう終わった?」「何か、困ってない?　おれも、昔、同じ業務頼まれた時、めっちゃ困ったことがあってな」と声をかけるようにしました。特に、最後の**「おれも、昔、同じ業務頼まれた時、めっちゃ困ったことがあってな」は効果的なフレーズでした。「西さんも、困ったことがあったんや」と共感してくれたからです。**そうすると面白いことが起こりました。私が頼んだ業務の報告以外の仕事の悩みやプライベートの悩みも向こうからどんどん話してくれるようになったのです。

話しやすい雰囲気を作る

私は、社会人になって気づかされたことがあります。それは「感情を顔に出せていない」ということです。

新入社員研修を受けていた時のことです。塾講師でしたので、先輩講師を前にした「模擬授業研修」がありました。

一生懸命授業をしているのですが、毎回アドバイスをされるのが「もっと感情を出さないとアカ

ン」というものでした。私はロボットではないので、喜怒哀楽の感情を持っています。模擬授業の時も、「この問題は難しいから、生徒（に見立てた先輩講師）が解ければ、しっかりと褒めよう」とあらかじめ決めていて、その通りにやったのですが、それでも「気持ちが伝わらない」と評価されました。「ここ、重要やで！」と一段と声を大きくしているにもかかわらず、「声のトーンが一定」と言われてしまいます。

私は自分の授業をビデオで撮影しました。やはり、先輩から指摘された通りです。声の変化はありますが、表情は全く変わっていません。うれしい顔も悲しい顔もすべて一緒の顔（表情）でした。

あるベテラン講師から「私の顔はもともと怖くて、新入社員の時は毎朝、出勤する前に鏡の前に立って笑顔を作った」と教えてもらいました。だから、私もとにかく真似をしてみようと思い、鏡の前で笑顔を作りました。また、テレビに出演している役者さんを見て、「あっ、この笑顔、めっちゃいい！」というのがあれば、自分でも意識して真似をしています。最近のことですが、私が忘れられない笑顔があります。それは『騎士竜戦隊リュウソウジャー』（テレビ朝日）に主役で出ているリュウソウレッドこと一ノ瀬颯さんの笑顔です。2020年3月1日に残念ながら最終回を迎えましたが、私のほうが2歳の長男よりもハマってしまいました。一ノ瀬さんの無邪気な、そして、子どものような安心感を与えてくれる笑顔がたまらなく好きで、ついつい真似をしてしまいます。真似をすると、とてもハッピーな気分になれます。洗面台で顔を洗ったり、手を洗ったりするたびに、鏡を見ながら、「よしっ！　今日は最高の笑顔で！」と心の中で唱えながら、一日を過ごすようにしています。

こうやって、笑顔を作っていると、たくさんうれしいことが起こります。最も大きいのは、仕事をたくさんいただけるようになったということです。今はフリーの講師ですが、まさに「笑う門には福来る」のようです。つらいことがあっても、笑顔を無理やり作ることで、ネガティブな感情をかなりコントロールできるようになります。

しかし、「笑顔」だけではありません。笑顔に加えて大事なのが、「話を聴く」ということです。「聴く」に関しては後半で詳しく述べますが、常に肝に銘じているのが、**「上手な講師は、聴き上手」**です。「上手な講師は、話し上手」ではありません。確かに説明が非常に上手な講師がいます。丁寧すぎるくらい説明が上手です。にもかかわらず、教え子の成績を伸ばしていません。いくら教えるのが上手でも、相手の能力を高めることができなければ「伝えている」だけで「伝わっていない」ことになります。「講師に必要な力を一つだけ挙げよ」と言われれば、真っ先に**「聴く力」**を私は挙げます。

「聴く力」があるから、人間関係も円滑になり、他の人には話さないようなことまで話してくれるようになります。

私は前に立って話す時に、生徒たちの**顔を見るのではなく、顔を「聴く」**ようにします。顔を「聴く」というのは分かりづらい表現ですが、簡単に言うと「今の私の発言で、この子はどう受け取ったのか？　理解したのか、していないのか？」「今、この子は授業を聴かないで別のことを考えていると、顔に書いてある。この子の意識を取り戻すために、ここで、当ててみよう」というような感じです。また、個別相談の場合には、顧客の表情や仕草、声から、「まだ本当のことを言っていないな」「まだ、自分でどう表現していいのか、うまく言葉を見つけられていないな」というような感じです。

顔を「聴く」ことができるようになれば、さらに信頼関係が深まり、様々な情報を提供してくれるようになります。

第5節

自分の欠点を具体的に把握する

前の先生のほうが良かった

学習塾に入社してすぐの出来事でした。講師というより、人としての在り方を大きく変えた事件でした。

メインの教室とは違う別の教室の中学3年生の英語を4月から担当していたのですが、6月になって「前の先生のほうが良かった」とほぼ全員の生徒から言われてしまったのです。

授業前日には寝る間を惜しんで必死になって予習をし、授業でどんなことを話すのかすべてセリフをノートに書いていました。細かな時間配分、誰に何を問いかけるのか、何を板書するのか、どんな補助プリントを用意するのか、宿題は何を出すのか……。

自信のなさが伝わらないように、授業も人一倍大きな声を出し、一生懸命授業をしました。

それでも「前の先生のほうが良かった」と言われてしまったのです。人生で初めてと言ってもよいくらいの大きなショックでした。生徒に対して怒りがこみあげてきました。「なんで、分かってくれへんねん……」眠れない夜が続きました。そのクラスに授業に行くのが嫌で嫌で仕方ありませんでした。何度も「辞めよう」と真剣に考えました。

原因は、目線を合わせていないこと

その時に先輩から指摘されたことがあります。

「子どもたちと、目線を合わせていないよなあ」

「目線」には次の2つの意味があります。

①物理的な目線
②心理的な目線

①「物理的な目線」とは、「相手の目を見る」ということです。②「心理的な目線」とは、「相手の気持ちになって、相手に共感する」ということです。

授業中、しっかりと目を合わせられる生徒もいれば、目を合わせづらい生徒もいました。こちらが目を合わそうとしても目をそらす生徒もいました。授業中、ずっと下を向いている生徒もいました。相手は自分よりも10歳程度下の子どもですが、それでも、自分でもどうしたらいいのか分からなくなりました。そこで研修官に「どうやったら目を合わせることができるのですか」と質問しました。
そうすると答えを3ついただきました。

①目を見るのが怖いならば、「あごの下」や「顔全体」を見ること
②みんなが先生と目が合うまで（つまり、みんなが前を見るまで）授業を止めること→「今から、大事なことを言うぞ」「集中しろよ」というシグナルでもある
③先生自身の魅力アップ

①②はすぐに改善できます。これらによって、「物理的な目線」が合わせられるようになります。しかし、③の改善は、ある意味、長期戦です。
「先生自身の魅力」がアップすれば、生徒は先生に憧れを持てるようになります。「魅力アップ」と言っても、髪型やスーツを変えるというような外見をよくすることだけではありません。重要なのは「内面（心の在り方）」を変える

必要があります。③に取り組みながら、「心理的な目線」を合わせられるようになります。

話を聴いてもらえるに値する人物か

研修官から言われた最後の「先生自身の魅力アップ」はその後の自分の人生において大きな影響を及ぼす言葉でした。もし、あなたが話を聴くならば、どんな人から話を聴きたいですか。

①モチベーションを上げてくれる人
②新たな情報や、驚き、感動を与えてくれる人
③自分の悩みや問題を傾聴してくれる人
④多くの人から慕われている人
⑤一緒にいて楽しい人

この①～⑤に共通することがあります。それは「誠実である」「勉強熱心である」「信頼できる」「信用できる」「謙虚である」ということです。

つまり、リーダーとして、話を聴いてもらえるに値する人物なのかどうか、ということです。**これからリーダーとしてさらに活躍していくためには、もう一度自分の「こころ」を磨かなければなりません。**

一人ひとりに声をかける

「前の先生のほうが良かった」と言われてから、私が変えたことがあります。それは「一人ひとりに声をかける」ということです。確かに、「前の先生のほうが良かった」と言われる前も、一人ひとりに声をかけていました。「分かるか？」「難しくないか？」などです。

しかし、私はもっと子どもたちに寄り添えるように行動を変えました。

まず、教室の入口に立って生徒を迎え入れるようにしました。これまでは、生徒が来てから「こんにちは」とあいさつをしていました。しかし、入口に立って私から「こんにちは」と声をかけるようにしました。さらに、「こんにちは！　今日はいつもより早いなあ」とか、「こんにちは！　カッコいい自転車やなあ」とか、「こんにちは！　部活の調子はどう？」など、フレーズをつけ足しました。そうしているうちに生徒との会話が長続きするようになってきました。次第に、授業も楽しくなってきました。生徒が一生懸命に前を向き、問題を解くようになりました。

最も大きな変化は、生徒が「笑う」ようになったことです。

最終的にはこのクラスは2年間、この塾でトップの成績を取り続けることができました。

満足度を高めなければならない

私には明確なゴールがありました。それは受講人数を倍増させることでした。そのためには「満足度」が大事だと認識していました。

「満足度」は2つあります。一つは「生徒や保護者の塾に対する満足度(Customer Satisfaction = CS)」、もう一つは「働く非常勤講師たちの塾に対する満足度(Employee Satisfaction = ES)」でした。私が何よりも重視したのはES、つまり非常勤講師たちの塾に対する満足度でした。

様々な職場では「満足度を高める」ことを目標としているところが多いです。特に塾などでは、「満足度」を言い換えた「面倒見」という言葉がよく使われています。しかし、「満足度」にしろ「面倒見」にしろ、その定義が曖昧になっていませんか。

私は自分が塾長になるまで、様々な挫折を味わいました。例えば塾のアンケートで満足度が高いにもかかわらず去っていった生徒がいました。昨日までは何事もなかったかのように塾で勉強していた生徒が突然「辞めたい」と言ってきたこともありました。その時は「これだけこの子を見てあげていたのになぜ？」「これだけ親にも電話をしていたのになぜ？」と、頭の中は疑問だらけでした。

一人の入学よりも一人の退塾のほうが重たいです。特に塾が乱立している状況では増やすことよりも「減らさないように」するにはどうすればよいかを日夜考えていました。考え抜いた挙句に出た結論は**「生徒が通いたくなる塾」を定義しなおすこと**でした。そこで、私は非常勤講師の働くことへの満足度を高めることに注目しました。当時は、授業直前になって「今日は休ませてください」という連絡があったり、授業報告書が適当（書いた本人にしか何を書いているのか分からない）であったり、授業中も生徒とプライベートな話ばかりをして時間をつぶしていたりする非常勤講師もいました。これらは「非常勤講師の質が悪い」というわけではありません。これらの行動は、私が非常勤講師に接してきた「結果」です。こちらがいい加減な接し方をすれば、相手もいい加減な接し方をします。「あの先生は厳しいから、きちんとしている生徒が多い。けど、あの先生は『ゆるゆる』やし『全く叱らない』から、みんな話を聴いてへんねん」というのは、私の近所のお子様の言葉です。

居場所を作る

まず、私が取り組んだのは**「非常勤講師の居場所づくり」**です。

講師一人ひとりが「授業に集中できる環境」とは何なのかを考えました。私たちにとって、授業こそが商品であり、その商品に共感してくれる生徒、保護者が残ってくれ、また口コミを広げてくれるからです。授業という商品力を高めるためには教材やマニュアルも重要ですが、やはり、教える人の人間力を高めることが必須です。

では、「授業に集中できる環境」とは一体何でしょうか。

①デスクの上がきれいで、講師が来た時に自分の教材やマニュアルを自由に広げられるワークスペース
②事前にどの学年の誰を担当するかの明確化
③生徒に関する情報を把握している
④講師が何らかの事情で交代したときの引継ぎの徹底
⑤批判したりされたりすることなく、自由に話ができる

以上5点が私が導き出した答えでした。

ここで気づいてほしいことがあります。**それは「より良い職場の環境作り」**

には「話す」ことがそれほど重要ではないということです。①は日常の清掃業務、②③④は書面をきちんと作っておくことを心がければ改善します。

もちろん、②③④は書面で渡すだけでなく口頭での説明もしたほうが、より伝わります。しかし、書面をただ読み上げるだけでは意味がありません。

一般的に、読み上げるだけで相手に伝わっていると思われがちですが、はっきり言って伝わっていないことが多いです。

理由は二つあります。一つ目は「読み手のスピードに聴き手がついてこられていない」、つまり、読み手の話す内容を、聴き手は十分理解しないまま、ただ文字を追っているにすぎないからです。二つ目は、聴き手はそれほど熱心に聴いていないからです。必ずしも話し手と同じ項目を見ているとは限りません。聴き手のほうが先に進んでいることがよくあります。話すスピードと目で追いかけるスピードでは、圧倒的に目で追うスピードが速いからです。話し手が項目をすべて読み上げる頃には、聴き手はすでにすべて読み終わっていることもあり得ます。また、聴き手は話し手の内容を聞きながら、「今日の授業はどうしようかな」など別のことを考えていることもあります。

だから、話し手は書面の項目をただ読み上げるのではなく、「特に伝えなければならないこと」「共有しなければならないこと」を聴き手に短時間で伝えられるように準備しておかなければなりません。
⑤に関してですが、自分が話したいことを話せる環境であれば、話し手も自己満足しやすいので仕事も楽しくなります。また、**聴き手は一切の批判・否定をせずに相手の話す内容にしっかりと耳を傾けなければなりません。批判や否定ばかりする相手には話しかけたくないからです。**

第3章

自分を客観的に見る

第1節

良い癖、悪い癖

自分の話し方の癖を知る

実に多くの人が「話せば分かる」と考えています。**しかし、現実は「話しても分からない」ことが多いものです。**たくさん説明したにもかかわらず相手に伝わっていないことが多いのは、一体なぜでしょうか。

あなたは自分が話をしている場面を動画に撮って確認したことがありますか。野球選手は自分のフォームを確認するために動画で撮影してチェックすることが知られています。私が行っているプレゼンセミナーでも、受講生たちがプレゼンをする場面を録画させていただき、後日改めてコンサルティングを行っています。受講生のほとんどが「自分が話している姿を初めて見た」とおっしゃいます。

「声が小さい」「語尾が聞き取りにくい」「早口」「身振り手振りが少ない」「抑揚がない」「口癖が多い」「一文が長い」など様々なことに気づいてくれます。これらは、客観的に見なければほとんど気づけないものです。たまたま客観的に見る機会があったからよいものの、そのような機会がなければ、自分の悪い癖を知らないまま相手と接していることになります。ひょっとしたら、相手は不快な思いをしながら、あなたの話を聴いているのかもしれません。また、「段落のまとまりがない」「何が言いたいのか分からない」など内容面に関しても気づいてくださる方が多いです。見終わった後、受講生の多くは「本当はこういうことを伝えたかったのですが、うまく言えていませんね」と悔しい顔をされます。

私たちは「面接」「面談」「コンサルティング」というような特殊な状況を除

き、聴き手の「受け取り方」を意識せずに話すことが多いです（コンサルティングの場面でも、聴き手を意識せずに一方的に話すコンサルタントも存在します）。

話し方に困っているならば、動画でその様子を撮影してもらい、改めて**「聴き手」の側に立って自分の話し方を客観的に見てみるとよいでしょう。**そうすることで、「なぜ自分の話は伝わらないのか」が、痛いほど十分に理解できるようになります。

［要チェック！］

文や文章も見てもらおう

コミュニケーションの手段は「話す」ことばかりではありません。書いて伝えることも多いのではないでしょうか。特にSNSの時代において、「文字」

情報が非常に多くなりました。しかし、あなたの書いた表現が複数に解釈される可能性はありませんか。あなたは「伝えたいことは一つ」と考えて書いているのに、読み手は「あれ？　どっちが正しいの？」というようなことです。いくつか例を挙げてみましょう。

「前向き駐車」

実は、私が数年前に混乱した言葉の一つです。「『前向き駐車（でお願いします）』というのは、『駐車した状態で、トランクが住宅側になっている状態』で停めること」だと認識していました。この「前向き駐車」という意味に対してはインターネット上でも解釈が分かれているようです。伝えたいこと（排気ガスが住宅に行かないようにするために、「ヘッドライト側を住宅のほうに向けて駐車する」ように伝えたい）を一つにするためには、「前向き駐車」と書く以外に、「イラスト」もあったほうが良いでしょう。

「資料を3月15日までに送ってください」

このようなメールが来ると、「また、来た……」と思ってしまいます。どこが問題なのでしょうか。それは「までに」です。つまり、「15日を含むのか、含まないのか」はっきりとしない点が問題なのです。ふつうは「15日を含む」ので、極端なことを言えば、15日23時59分59秒に相手に資料が届いても問題ありません。しかし、メールの送り主が「15日に資料を使いたい」という意図ならば、「15日の午前10時に資料を使うため、遅くても15日の午前9時までに資料を送ってほしい」と具体的に書けばよいのです。私は大学生に宿題を出しますが、必ず「○月○日○時○○分までにメールにWordの資料を添付して送るように」と書くようにしています。

複数の視点で物事を考える癖をつける

私が最初に非常勤講師として指導した科目は「理科」でした。外国語大学に通いながら、「先生が足りない」という理由で担当させられたのが理科だったのです。中学校の理科だったので、実際に問題を解いてもまだまだ解けるレベルでした。「楽勝やん！」と思って生徒たちの前に立ちました。

ところが、実際に授業をしてみると、自分では答えや理屈が分かっているのにうまく伝わらないのです。

「なんで分かってくれへんねん」、本当に焦りました。そして初めて「授業準備」というのは「生徒たちが分かるようにどう教えるかを考えることである」ということに気づかされました。

「自分が生徒ならばどんな疑問を持つだろうか」と考え、あらゆる参考書や問題集を見て、想定される質問も考えました。さらには塾講師である以上、生徒たちには定期テストや実力テスト、高校入試で点数をとらせるための授業作りをしなければなりません。だから、過去にどのような問題が出題されていたのかを研究し、そのエッセンスを授業に取り入れました。

①生徒ならばどのような疑問を持つのか……生徒側の視点

②先生として、「どんなタイミングで」「何を」「どのような指示を与えると効果が出るのか」、また、「どの生徒が何に悩んでいるのかを判断し、適切なアドバイスをする」……先生側の視点

③様々な教材や過去のテストを分析し、頻出問題の傾向をつかむ……教材の視点

これらの3つを私は基本として使うことを意識しました。この3つの意識は今も守り続けています。

さらに、正社員となり一つの教室を任せられるようになると、「授業が評判を呼ぶ」ことが実感できるようになりました。授業は「商品」です。良い商品を提供するためにはどのような授業を作ればよいか、評判を呼ぶ授業とは何かを考えるようになりました。リピーターのいる老舗旅館のような授業とは何か？　ディズニーランドのような、ワクワクさせる授業とは何か？　口コミで広がる授業とは何か？

「お客様が自分でも気づいてない欲求を察知して先回りで提案する」という感覚を身につけなければなりませんでした。「生徒のために授業をする」のは当たり前ですが、月謝を払って子どもを預けている保護者の満足を得られなければ意味がありません。生徒も保護者も、商品を購入してくださる「お客様」です。「先生が上、生徒が下」という上下関係では、教室運営はうまくいきません。

生徒の現状把握から始まり、課題を分析し、適切な商品を提供するだけでなく、生徒の理想に寄り添い、生徒が「なりたい自分」になれるように、とことん付き合わなければなりません。また、生徒には様々な「顔」があるということを前提に、先生は物事を考えなければなりません。「塾での顔」「学校での顔」「友達に見せる顔」「家での顔」……それぞれの「顔」は同じようで実は異なります。だからこそ、「家での様子」「学校での様子」をできるだけ詳細に把握しておくことが指導をしていくうえで欠かせないのです。「今日は学校でトラブルがあったんだな」と知っていれば、授業中に無駄に叱らずに済みます。「成績が下がってきてこのまま志望校に受かるかどうか分からない」と家でボヤいているということを聞いていれば、過去の数値データと照らしあわせ、志望校に受かる可能性について分析しておいたうえで、本人の話に耳を傾けることもできます。そのような対応が、子どもから親に伝わり、感謝の気持ちになって現れます。

かつてこんなことがありました。保護者向けに校長としての私の思いを書いたお知らせをたまたま読まれた、当時塾を探していた保護者からお電話をいただいたことがあります。そして、「とても熱意が伝わる文章でした」とお褒めの言葉をいただき、おかげで入塾に至りましたが、これも意図的に作成しました。「保護者は子どもの教育の何に悩んでいるのか」を徹底的に分析し、それに共感してもらえそうな文章を作りました。

「複数の視点を持つ」と今は偉そうに言っていますが、実際は先輩がやっていたことを伺ったり、たくさんの本を読んだりして、徐々に気づかされたことです。複数の視点を持つためには、今までにやってこなかったことをやることが重要です。

例えば、いつも通勤ルートが決まっているならば、そのルートを変えてみると思いがけない発見があ

ります。ある番組で「分からないことがあったら、何で調べるのか？」というのを特集していました。40代以上は「Yahoo! や Google」でしたが、なんと若い世代は「Twitter」でした！「えっ、Twitter で調べるの？」と驚きましたが、今では Twitter も活用しています。情報がリアルタイムで得られるのは Twitter だからです。ただし、どの情報が正しくてどれが正しくないのかを見極める力は必要になります。

第2節

白紙の合宿テキストとの闘い

「こなす」だけでは意味がない

私が様々な視点から物事を考えられるようになったきっかけがあります。それは入社半年で選ばれた夏合宿です。合宿で使用するテキストを事前に渡されたのですが、何とほぼ「白紙」でした。

「えっ、ほとんど問題もないし、説明もないやん！　どうやって（合宿）期間中に授業をするねん！　どうやって子どもたちに問題演習させるねん！」

私の頭の中は完全に「真っ白」になりました。

全体でB4両面15ページほどのテキスト。はっきりとは覚えていませんが、

2、3ページしか文字は載っていませんでした。残りのページはすべて「白紙」でした。罫線すらありませんでした。

「白紙」のテキストをもらってから私の格闘が始まりました。この経験が後の自分の考え方、行動の仕方に大きな影響を及ぼしたと言っても過言ではありません。

1回目の授業研修が始まりました。当時の教科ヘッドが私の下手な授業に深夜2時まで付き合ってくれました。本当に最悪の模擬授業をしてしまいました。

正直に言うと、1回目の模擬授業の準備はほとんどできませんでした。白紙のテキストとにらめっこしたものの、全くアイデアが思い浮かびませんでした。様々な参考書を見たものの、どれも同じ内容のことしか書いていません。私は「期間限定の合宿だからこそ、普段の（塾や学校の）授業とは違った切り口で授業を展開したい」と考えていましたし、合宿経験者もそう語っていました。「普段とは違う何か……」それが全く分からず、白紙のテキストには何も書けませんでした。

だから、1回目の研修は、与えられた時間内で何とか終わる無難な授業をしました。とりあえず「時間内に終わるように、（授業を）こなした」という感じでした。案の定、私のそんな姿勢をヘッドが見抜いて、「もう1回考え直せ！」と檄を飛ばされました。「『考え直せ』って言われても、白紙に何を書けばええねん！」とふてくされた態度で仕方なく模擬授業をやっていました。

多くの会社の会議などでも、仮に自分の持ち時間が3分だとして、その3分を「こなす」だけの社員がいませんか。**毎朝恒例の3分間スピーチがあるならば、単に「3分話すだけ」の社員、読めば分かる報告書をただ「読み上げているだけ」の社員、「マニュアルを読んで伝えるだけ」の社員。**

私の1回目の模擬授業もそんな感じでした。ただ、参考書からチョイスしたものを白紙のテキストに転記し、それをただ前でしゃべって、ホワイトボードに書いているだけ。

「だから、おまえの『熱』が伝わらへんねん！」

ヘッドに思いっきり叱られました。

絶対に知っておくべき「伝わらないコツ」！

伝えていても、伝わらない。それは、「伝わらないコツ」をマスターしてしまっているからです。

第3節

伝わらないコツ

■伝わらないコツ■

①明らかな準備不足
②リハーサルをしていない
③「間」がない
④時間内に終わらせることしか考えていない
⑤資料（書類、パワーポイントなど）を読み上げているだけ
⑥何を伝えたいのかが明確ではない

①の「準備不足」が最悪のパターンです。これは本人の性格によるところも

大きいです。中学生や高校生の時からテスト勉強をギリギリになって始めたり、待ち合わせにギリギリに到着するようなタイプです。もちろん「ギリギリになったほうが本気になれる」という方もいますが、大事な場面での「準備不足」は最悪です。

①の「準備不足」があるから、②の「リハーサルをしていない」につながるのです。

ところが実は、準備をしているものの、リハーサルを怠っている人も多いのです。では、なぜ、リハーサルが必要なのでしょうか？

たとえ1分スピーチでも、**必ずリハーサルをしてください**。リハーサル（実際に声に出す）をすることによって、いくつかの「気づき」が得られます。

■主語と述語の関係がおかしくないか

（例）　私が好きなことは、テレビを観ることが好きだ。

■一文が長すぎはしないか？

（例）マラソンを始めようと思って、とりあえず形から入ろうと思って、シューズを買いに行ったのですが、思っていたよりも値段が高くて、どうしようかと思って、妻に相談しようと思って電話をしてみたところ、なかなかつながらなくて、かなり迷ってしまったのですが、やっぱり一度決めたことだから買おうと思ったのですが、妻から買う直前に電話がかかってきて、「もうちょっと安いのにしといたほうがええと思う」と言われて、結局は欲しいシューズとは違うちょっと安いシューズを買いました。

■繰り返し、同じ語句が入っていないか？

先ほどのマラソンの例をよく読んでみると、「思う」が7か所あります。

■メリハリがない

相手に伝わるように話すためには、「感情」が必要です。「どうしても伝えたい箇所」は、「ゆっくりと、大きな声で、繰り返す」など、他とは異なる演出をしなければなりません。

■（③と関連しますが）間がとれているか？

「間」は非常に大切です。「間」はもちろん、沈黙の時間です。この沈黙の時間が、見事な演出をします。「間」をとることで、だらだらした話し方が急に引き締まります。

■時間配分は問題ないか？

仮に与えられた時間が「3分」であるならば、それを1分で終えるのは失礼です（明らかな準備不足であるという印象を与えてしまいます）。3分をどう料理するか、それが話し手の力量です。3分を細かく分けて時間配分を考えてください。そして、「どの順番で話すのが最も効果的なのか」を吟味してください。次の1・2を読み比べてみてください。

（例）「私の好きな食べ物」について

（1「結論」が最後のパターン）

私の母は、私が子どもの頃、たくさんの料理を作ってくれました。ミートスパゲティや、かつ丼、卵焼き、ポテトサラダ、グラタンなどです。私は特に卵焼きが大好きでした。今も実家に帰ると、母に卵焼きを作るようにねだっています。

（2「結論」が最初のパターン）

私は卵焼きが大好きです。特に私の母が作ってくれた卵焼きです。子どもの時に毎日卵焼きを作ってくれました。とてもふっくらしていて、もちもちっとした卵焼きです。大人になった今でも、実家に帰ると母に卵焼きを作るようにねだっています。

結論から話すほうが良いのかどうかは、状況次第です。問題の背景に関して聴き手がすでに理解しているならば、結論から話したほうが良いでしょう。しかし、聴き手が全体像を理解していないならば、聴き手のペースに合わせた話し方、つまり、「時系列」に話すほうが伝わりますので、結論は後回しにしたほうが良いでしょう。

【要チェック!】
モデルをイメージ化してリハーサルをしましょう

実は短期間でプレゼンテーションの力量を高める方法があります。それは「モデルをイメージする」という技です。「この人の話し方はうまいよなあ」という人をイメージしてプレゼンテーションを行うのです。

「守破離」という言葉を聞いたことがありますか? 「守」は我流ではなく「お手本に忠実に従う」ということ、「破」は「お手本をベースに自分らしさを少し入れたり、他のお手本で良い部分を取り入れる」ということ、「離」は「お手本から離れて、新しいものを生み出す」ということです。我流で話すのではなく、上手な人をお手本に話す練習をしてください。「この人だったらきっとこんな感じで話すよな」「スピードはこのくらいだな」「目線の使い方はこんな感じだな」とイメージしながらリハーサルを行うと、格段に上達します。

ただし、誰をモデルとするべきか、普段からよく「人間観察」をしておかなければなりません。

ところで③の「間」ですが、一体、どのくらいの「間」をとればよいのでしょうか？

これは感覚になりますが、「読点で0・5〜1秒」「句点で2秒」のような感じです。先ほどの例を使いましょう。

私は卵焼きが大好きです。（2秒）特に私の母が作ってくれた卵焼きです。（2秒）子どもの時に毎日卵焼きを作ってくれました。（2秒）とてもふっくらしていて、（0・5秒）もちもちっとした卵焼きです。（2秒）大人になった今

でも、（0・5秒）実家に帰ると母に卵焼きを作るようにねだっています。（2秒）

では④「時間内に終わらせることしか考えていない」はどうでしょうか？

とにかく時間内に終わらせたい、この場を切り抜けたいと考えている話し手の特徴がいくつかあります。次のようなことにあてはまりそうならば、気を付けてください。

■聴き手を見ないで、手元の原稿ばかり見ている
■やたらと顔や髪などを触っている
■とにかく早口
■聴き手から質問された時に、周りに助けを求める

⑤「資料（書類、パワーポイントなど）を読み上げているだけ」のタイプに

ついてですが、これもいくつかの特徴があります。

■（④と同様）聴き手を見ないで、手元の原稿や映し出されたスライドばかりを見ている

■スライドの場合、やたらと文字が多い（文字で埋め尽くされている）

■声が小さい

⑥「何を伝えたいのかが明確ではない」は、①「準備不足」や②「リハーサルをしていない」ことと直結します。与えられた時間で結局「結論が何なのか」分からないまま終わってしまう状態です。特に学生に多いのが、「調べてみて面白かったです」「非常にためになりました」などです。「何が、どう面白かったのか」「『ためになる』というのは具体的にどういうことなのか」さっぱり伝わりません。

私はこの①〜⑥がダメな理由を挙げながら、大学生に「良い癖」を身につけてもらうために徹底的に指導しています。社会人でプレゼンテーションができないのは、「やり方を教えてもらっていない」「適切な評価をしてくれる人がいない」ことが原因だと考えています。学生に「10分以内でプレゼンテーションをしなさい。ただし、9分未満は評価を下げます。10分を超えても評価を下げます」と先に伝えます。そして、10分以内で話すための順番を教えるだけでなく、スライドの作り方、原稿の作り方、前に出た時の立ち位置、内容の暗記の重要性、間の取り方なども詳しく教え、実際にやらせます。何人かの学生には悪い見本と良い見本をやってもらい、その違いを視覚的に認識してもらっています。ここでもやはり、客観的に見ることが重要になります。

【要チェック!】

コンサルティングでは「間」を有効に使おう

コンサルティングとまではいかなくても、あなたも日常的に相談に乗ったり、相談をしたりすることがありますよね。友達、恋人、家族、生徒、同僚、上司、部下……。その時、あなたが相談を受ける側になるならば、是非「間」を有効に使ってください。

相談される側（あなた）をコンサルタント、相談する側をクライエントとします。**コンサルタントとして重要なことは「答えを言わない」ということ**です。言い換えれば、**「クライエントに自分で発見させる」ということ**です。コンサルタントは、クライエントが話している時には途中でその話を遮ってはいけません。最後まで聴きます。クライエントが途中で言葉につまって、長い沈黙があったとしても、コンサルタントは我慢して、クライエントが話し出すのを待ってください。この「待つ」という行為が「間」にあたります。

「間」のタイミングで、クライエントは何をしているのでしょうか。それは**クライエント自身が一生懸命自分で答えを考えているのです**。最初はどう言葉にしてよいのか分からなかったのが、コンサルタントに相談することによって、だんだん適切な言葉が見つかってきます。**「言葉を見つけようとしている」タイミングが「間」です。それを遮ってはいけません。クライエントが自分で解決するからこそ、クライエントは自信が持てるようになります。**コンサルタントが何もかも答えを教える行為は、もはやコンサルティングではなく、ティーチングです。ティーチングが有効な時もありますが、クライエント自身が自己解決できなくなる恐れがあります。

資料「を」読むな！　資料「で」読め！

資料を作ることをゴールとしているため、資料「を」読むことが大切だと考えている人が多いです。だから、自分では「伝わっている」という感覚に陥るのですが、実際は相手には伝わっていません。そのため、私は「資料『で』読む」ことをお勧めします。

作った資料というのは素材です。そこに手を加えて調理したものを伝えることが肝心です。資料は読めば分かります。それ以上に重要なのは、その資料の中で、これだけは共通で理解してほしいことは何なのか、今後の検討事項は何なのか、それらを明らかにして**「自分の言葉」で伝えなければ伝わりません。**

だから、リハーサルが必要なのです。何度も資料を読み返すことで、「分かりづらい表現はないか」「さらにコンパクトに伝えられないか」「何をどのような順番で話せば相手に印象を残せるのか」「追加資料は必要ないのか」「せっかく作った資料に無駄な箇所はないか」などに気づけます。もっと言えば、声に出してみてください。さらにできるならば自分の音声も録音しましょう。そうすると、「え～」「あの～」「～して～して」「まあ」など、自分でも気づかなかった口癖がはっきりと分かります。早口かどうかも分かります。

「たかが会議なんだからそこまでする必要はないだろう」と考えているから自分勝手なトークになってしまうのです。「授業なんて数をこなせばうまくなるだろう」と考えているから、あなたの授業は面白くないのです。デジタル機器がこれだけ発達している時代に、なぜか会議や授業は何十年も前から変わっていません。いや、むしろ変わろうとしていません。

パソコンやパワーポイント、プロジェクターなどのデジタル機器が苦手だから相変わらず黒板とチョークだけで授業をする先生と、デジタルツールを駆使して、英語の長文に書かれている文化や制度について動画や写真で紹介する先生と、どっちがいいですか？　教室に「挑戦」「あきらめるな」というクラス目標が書かれているのに、目標達成を単なる標語としてしか考えていない先生から学ぶ生徒はいかがなものか、と心配になります。

第4節

最初から最後までストーリーを作れ

目に浮かぶゴールを描く

第1回目の（白紙の）合宿研修を終えてから私が気づかされたのは「生徒の気持ち」をもっと考えなければならないということでした。

自分がしたい授業をするのではなく、生徒が望む授業とは何かを追求しなければなりませんでした。「英語の点数が伸びない」「英語が好きになれない」「英語の勉強の仕方が分からない」「自信がない」「今の学力のままでは希望の高校に行けない」「この合宿で自分が変われるかもしれない」、そんな思いを持った生徒たちが集まってきます。そして、合宿を終えた後の「目に見える成果」を実感させてあげたい。

そう思えるようになってから、行動が速くなりました。「何をしてあげると子どもたちが喜ぶのか」が見えてきたからこそ、自分がやるべきことがはっきりと認識できて教材作りが楽しくなりました。私は先生でもあり、脚本家でもあり、演出家でもあり、そして**主役は生徒**。

徹底的に過去の入試問題を調べ、私が預かる子どもたちが受けそうな高校の入試問題を分析しました。どんな傾向の問題がこれまでに出題されているのか、その割合を数値で表せないか（つまり明確なエビデンス＝生徒が今後何を勉強すれば効率良く点数が稼げるか）、どの順番で授業を展開すればいいのか、どこでモチベーションを上げる話をすればいいのかを考えながら白紙のテキストを埋めていきました。

授業が3泊4日で6コマあるとして、6コマ目のゴールを明確に描きました。生徒が「できた！」「やった！」「英語が面白くなった！」「西先生のおかげで希望が出てきた！」そう言わしめることを最終日のゴールにしました。まだ会ったことがない生徒を一人ひとり想像しながら、あちこちで歓声が上がっています。泣いている子もいます。ガッツポーズをしている子もいます。

今度はゴールから逆算し、スタートラインの設定をしました。

1コマ目は誰も解けそうにない（偏差値の良し悪しは別として、現状のクラスの偏差値よりも15～20ほど上の）問題を敢えて出題しよう。そして、「授業をしっかり聴いて、各自課題をこなしていれば必ずできるようになる」と前フリをしておこう。1コマ目は、主に「英語の勉強の仕方」についてのレクチャーをしよう。さらに、「一人でするよりもお互いに教え合いしながら勉強すれば相乗効果となり成績は上がりやすい」と話そうと決めました。1コマ目の授業風景を何度も何度も頭の中で再現しました。前に座っている生徒、後ろのほうに座っている生徒……まだ見ぬ生徒の顔、そして授業をしている自分の姿を繰り返し想像しました。優しい顔で語りかけるように話すのか、それとも怖い顔で叱るように話すのか……。

いろいろとシミュレーションをしました（シミュレーションした内容は左表）。

このように、具体的になるまでイメージして授業をする方法を私は今でも実践しています。

授業時数	テーマ	具体的な展開
ゴール・6コマ目	感動を実感	1コマ目に出した難問に再チャレンジさせる。クラスのほぼ9割が正解できるようになっている。
1コマ目（1日目）	授業のルール心構え	授業の受け方、取り組み方についての話。成績を上げた生徒の実例、成績を下げた生徒の実例。この合宿で身につけてほしい考え方、行動の仕方を難問を通じて紹介。
2コマ目（2日目午前）	基礎問題の反復	英文法の基本ルールを伝えること。基本ルールに沿った問題演習の反復トレーニング。音読の徹底。
3コマ目（2日目午後）	標準から応用へ	午前で扱った基本を利用した標準、応用問題への展開。

		＊敢えて出題高校名を言わない→自力で考えて解かせた後で、「感動の演出」のために高校名を伝える。 （理由）今の学力でも最難関の高校の問題に「勝てた」という自信を実感させることと、基礎基本がいかに大事であるかを伝える。
４コマ目（３日目午前）	・気の緩みを防ぐ ・単語の覚え方	３日目ともなると疲労の様子がかなりうかがえるため、「集中力」が途切れる子が続出する。そうならないためにモチベーションを高める話をする。 単語の面白い覚え方についての紹介（リラックスタイムを意図的につくる）。
５コマ目（３日目午後）	問題演習	説明は極力少なくして、問題演習を多めに行う。身体で覚えるようになるので、スピードを速めていくことも目的の１つ。

完成してもすぐに満足してはいけない

特に私が準備段階で時間を割いたのは、「問題の配列」です。どの問題を取り入れて、どの問題をはじくかについてかなり苦労しました。

先日、私が勤務している大学からの依頼で英語の文法（小テスト用）教材を作成させていただく機会がありました。500問の中から200問を選んで、さらに文法項目別に分けるようにお願いされました。どの問題を選び、どの順番で並べ替えるかですが、学生のレベルに合った問題、そして階段を登るように前の問題と可能な限りリンクさせながら、学生が理解しやすい配列を考えました。一度考えて作成したものをいったん寝かします（数日空けておきます）。そうすると、日常の何気ない時に、「あっ、あの問題とこの問題を入れ替えたほうがいいよな」とひらめきます。それをスマホにメモしておいて、後で処理をしました。完成した問題もパソコンのスクリーンだけで確認するだけでは不十分です。再度プリントアウトし、一度自分で解いてみます。そうすることで画面を見ているだけでは分からない「不自然さ」に気づけます。

いったん「完成した！」と思っても、実は完成ではないことが多いものです。もっと改善できることがあるのではないか、いつもそんな思いでいます。

スピーチやプレゼンテーションでも同じです。苦労して作り上げたことに満足してしまい、それ以上手直しをしなかったために、聴き手の反応が悪かったというようなことはありませんか。「完成した満足」に酔いしれてしまい、十分なリハーサルをしないまま本番に臨んでしまう。そして、話しているうちに、わけが分からなくなる。結局何を伝えたかったのか分からない……。ついつい、「あれも」「これも」と話してしまい、肝心の核となることがぼやけてしまう。「あれも」「これも」という500問のうちから、本当に必要な200問を抜き出し、項目別に分け、聴き手に伝わるように並べ替える作業が必要なのです。いったん並べ替えたとしても、自分の作品を疑ってください。自信過剰にならず、少し日数を置いて再点検してみましょう。

どうすれば「一発」で伝わるのか

合宿のストーリーを作る中で、もう一つ苦労したことがあります。それは、モチベーションアップの話です。「外発的動機付け」「内発的動機付け」「マズローの欲求5段階」など、難しい話をどうやったら分かりやすく伝えることができるのか、子どもにとって身近な例を見つけることにして、いろいろとネタを探しました。そのほうが、子どもに響くからです。そこで有名スポーツ選手の話、有名タレントの話など、とにかく「苦労して努力して成功した」話を見つけることに決めました。

「数字」の演出にもこだわりました。例えば、入試日まで残り150日ならば、黒板に「150」と書きます。そして、子どもたちに「これが何の数字か分かるか？」と問いかけます。さらに「150÷5＝30」と書きます。さらに問いかけます、「これが何を表しているのか」と。答えは単純で、入試日まで15

0日しか残っておらず、その150日を5（科目数）で割ったら、1科目あたり30日しか勉強する時間がない、という意味です。ただしこの30日は「1日中勉強する」という前提の数字なので、寝食の時間を考慮すれば、実数は1科目15日くらいにしかなりません。そこで「無駄にしている時間はないか」と問いかけ、「時間は自分で生み出すもの」だと伝えます。

そうすると「15日しかない」が「15日もある」ということに気づけるようになります。

こんなことを考えているうちに、「次にこの白紙に何を埋めようかな」と次第にワクワクしてきました。自分の書いている文字にワクワク感が乗りかかってきました。

何かを伝えるためには、相当の下準備とゴールに向けての明確なストーリー、そしてストーリーに味をつける具体的な情報が必要なのです。

［要チェック！］

相手が存在していると想像して準備をしよう

私が塾に勤務していた頃、新人講師を研修するために必ずしていたのが「必ず生徒がいると見立てて模擬授業を行う」ということでした。集団授業の講師を育成する場合ですが、実際の研修場面では、新人講師と私しか教室にいません。私が生徒役をやりますが、これでは生徒が一人になってしまいます。そこで、私以外にも19人、合計20人いると想定して新人には模擬授業をさせました。私が当てられれば答えますが、私以外の生徒も当てるように指導しました。仮にその生徒をAとすれば、Aが正しい答えを言ったならどのように褒めるのか、間違った答えを言ったならばどう展開していくのかを講師と一つ一つ確認しながら研修を進めていきました。

また、受け持つクラスが分かっているなら、「きっとこの子なら、こう反応するよな」とできるだけそのクラスにいる生徒のふりを私がしました。たとえ、生徒が5人のクラスでも、20人いると想定して声を出す練習をしたりすると、実際にクラスを担当した時には、案外活発なクラスになるものです。「5人しかいないから5人対応型の講師」では、今後仮にクラスの人数が倍増した時には対応できません。講師が成長するためには、現状よりもワンランク、ツーランク上の課題をこなさせる必要があります。

第4章

傾聴ができていますか

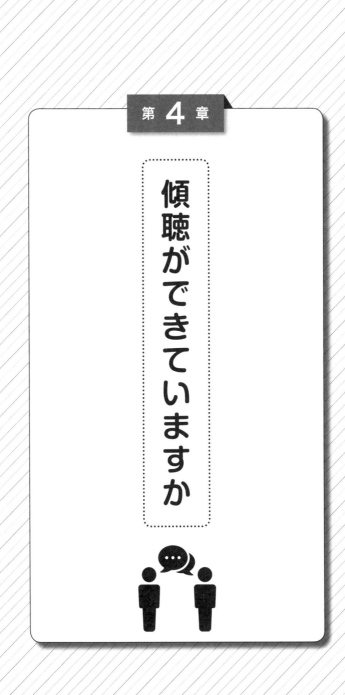

第1節

「きく」を使い分ける

3つの「きく」

私はいつも母親から叱られていたことがあります。「あんたは、人の話を最後まで聴かへん！」、結婚して、妻からも何度も同じことを言われました。また、私は将来が不安になると、占いに行くことが多いのですが、つい先日もある四柱推命の先生から「あなたは人の話を素直に聴かないことがあるので、注意しなさいね」と指摘されました。

しかし、仕事では「最後まで聴く」ことに徹するように心がけています。プライベートではなかなかできないのですが。

結婚して2年目ですが、真剣に「聴くこと」について悩んだ時期がありました。そのため妻には内緒で、「聴き方トレーニング」の通信講座の教材を購入しました。しかし、それも最後まで聴きませんでした。今ではどこにCDと教材があるのか分かりません。

こんな自覚があるにもかかわらず、私は自分の「プレゼンセミナー」では、**「話し手は、究極的には『話さず』に伝えることができるようにならなければなりません。そのための技術が『きく』ということです」**と伝えています。

「きく」には「消極的に『きく』」方法と「積極的に『きく』」方法があります。例えば、聴きたい音楽を見つけて「きく」場合は、「積極的に『きく』」であり、街中やショッピングモールなどで勝手に聞こえてくる音楽を「きく」のは「消極的に『きく』」ということです。「積極的に『きく』」は「聴く」であり、「消極的に『きく』」は「聞く」と漢字で表します。しかし、もう一つの「きく」

を表す漢字があります。それは「訊く」です。「訊く」の右側の卂は「鳥が飛ぶ様子」を表しているそうです。鳥が飛ぶように、次から次へと「質問する」というのが「訊く」の意味です。まるで原因を探るために、患者さんに質問をするお医者さんのようですね。また証人尋問という言葉がありますが、「尋問」と書く代わりに「訊問」と表すこともあります。

私は大学生に、『聞く』ではなく、『聴く』と『訊く』をしっかりと使いなさい」と話をしています。また、部下や生徒と面談する場合には、「聴く」ことに徹しなさいと企業の研修で伝えています。

特に、「聴く（傾聴する）」ができていない人が非常に多いです。最後まで相手の話を聴かずに、途中で自分の意見をついつい言ってしまったり、相手の話を途中で遮ったりしていませんか。

× それは、違うって！

このように、相手の話を否定するような話し方をしていませんか。頭ごなしに相手の話を否定すると、相手は萎縮してしまい、「この人は私の話を最後まで聴いてくれない」と考えるようになり、最終的には不信感を抱くようになります。

［要チェック！］

相手の言葉以外のことも「聴く」ようにしましょう

あなたは「バーバルコミュニケーション」と「ノンバーバルコミュニケーション」という言葉を耳にしたことがありますか。「バーバルコミュニケーション」は「言葉を使ったコミュニケーション」で、「ノンバーバルコミュニケーション」は「言葉以外を使ったコミュニケーション」を指します。

高校生や大学生がよく「私はコミュ障（コミュニケーションが弱い）」と

言っているのを耳にします。その時に「コミュ障って何？」と聞き返すと、ほとんどが「話し下手」「うまく話せない」という「バーバルコミュニケーションに問題あり」と認識しています。しかし、バーバルコミュニケーションが聴き手に与える印象は1割程度しかないと言われています。残りの9割は、非言語、つまりノンバーバルコミュニケーションです。「身だしなみ」「清潔さ」「表情」「話すスピード」「声の大きさ」など、目や耳から入る情報で聴き手は話し手を無意識に判断してしまいます。

あなたが聴く側であれば、話し手の言語情報だけではなく、身だしなみ、表情、しぐさなどにも注意を払ってください。相手全体を「聴く」ことが重要です。

昨年、大学で授業をしていた時にある学生の異変に気づきました。その学生は授業中に爆睡をしています。爆睡をする度に起こし、「大丈夫か？」と声をかけましたが、その時は「すみません。大丈夫です」と返事がありました。授業後も、「疲れているんか？　部活やバイトで忙しいんか？」と尋ねましたが、

「そんなことはないです」という返事でした。

しかし、この状態が4回連続起こりました。さすがに、「これはおかしい」と私は感じました。授業の途中にその学生を教室の外に連れ出して、「いつからこの状態なんや？　ひょっとしたら、ずっと前からちゃうんか？」と尋ねたところ、その学生は「実は……」と話し始めました。

かなり以前の私ならば、4回連続で寝ていたら、めちゃくちゃ叱っていたでしょう。ひょっとしたら、「やる気がないんやったら、もう授業に来るな！」と本気で言っていたかもしれません。

しかし、ノンバーバルコミュニケーションの重要性に気づいていたので、私はその学生の髪や服装に乱れがないか、忘れ物はないか、遅刻はないか、などじっと観察をしていました。授業中に爆睡する以外は、特に何も変わったところがありません。3回目の授業のあと、心理学部の教授に相談をしました。そして専門のカウンセラーを紹介してもらいました。どうやら軽度の睡眠障害だったようです。「やっぱりな」と私の直感が当たっていました。

1年間の授業の後、その学生は「本当に先生のおかげでかなり良くなりました」と挨拶に来てくれました。「大丈夫です」「心配ないです」という言葉をそのまま受け止めるのではなく、言語以外にも注目する重要性を改めて思い知らされました。

傾聴の技術

数年前、ある母親が私を訪れてくれました。娘さんの勉強に関する相談でした。スタートをしたのは夜10時。予定では30分の面談でした。ところが、そのお母さんは延々と話をします。私は話を伺いながら「で、お母さんはどう思われるのですか」「それで、今後、どうなってほしいのですか」

「娘さんとは向き合いましたか」と質問をしただけでした。結局終わりが深夜12時でしたが、2時間の面談のうち私が話したのはわずか1分足らずだったと思います。

それでも、そのお母さんは「先生、ありがとう。話を聴いてくれて。スッキリしましたわ。先生の話、タメになりました！」と涙と笑顔でくしゃくしゃになって席を立たれました。

私が話をしたのは1分足らずです。しかも、客観的に見れば、私の話はタメにはなっていません。単に質問をしただけだからです。それでも、お母さんは私と1時間59分話をした気分になってくださいました。

あなたは、「自分が話すこと」ばかりに夢中になっていませんか。あなたがしなければならないことは「話す」ことではありません。「聴く」ことです。

「聴く」という漢字は「耳」「十」「四」「心」と書き、よく「十四の心で聴くように」と言われます。**相手が話をしている時は、他のことは考えず、耳を傾け**

ましょう。話をしている内容だけでなく、表情、しぐさ、声のトーン、リズムなど全身全霊で聴き取ります。

単にじっと聴いているだけではダメです。相手の本音をつかむためには、「相づち」「オウム返し」「言い換え」「間」「イエス・ノー クエスチョン」「オープンクエスチョン（どう思われますか？ 等）」「さぐり（もう少し詳しく教えてくれませんか？）」などの技法を、タイミングをみて入れていきましょう。ただし、技法を使うことばかり意識してはいけません。相手のペースに合わせながら、あくまでも「聴く」ことが重要です。20～30分、じっと聴くくらい辛抱強さを持ってください。また、聴くときはメモをとらないほうが良いです。メモを取っていると、相手の話や表情・しぐさなどを見落としてしまうからです。

第2節

相手に答えを考えさせる

最初の10分で信頼関係を構築する

私はキャリアコンサルタントの仕事もさせていただいております。相談者（クライエント）と話をする場合、まず「話す環境」を整えるところから始めます。「静か」「清潔感のある」「落ち着いた配色（白がメイン）」「照明が適度な」「周りに人が極力いない」場所を選ぶようにします。

クライエントは私と話をすると安心するのか、堰を切ったように話し出すことが多いです。冷静そうに見えて、冷静ではありません。時系列に沿って話している場合もあるし、時系列がめちゃくちゃな場合もあり、理解するのが難しいこともあります。クライエントの気持ちに寄り添いながら傾聴をします。

最初の10分程度が私にとっては勝負なのです。何の勝負なのかといえば、「信頼関係の構築」です。初対面の方とのコンサルティングなので、いくら話せる環境を整えても、私との信頼関係ができなければ、クライエントは真実を語ることはありません。

あなたが上司で、部下と面談をする時、部下との信頼関係はできていますか。部下と一緒に働いているからといって、信頼関係ができているとは限りません。否定せず、相手の話に相づちを打ちながら、傾聴をしていくことで徐々に信頼関係が構築されますが、初対面でも10〜15分程度は必要です。部下が話し始めて2〜3分で、「それはそうやけど、それは違うで」「その考え方は甘いんとちゃうか」「もう1回考え直したほうがええで」などと、自分の意見をねじ込んでいませんか。それでは、部下から「この人は私の話を聴いてくれない」とレッテルを貼られてしまい、信頼関係を逆に損ねることになります。

また、面談の時は傾聴できていても普段の態度が「非傾聴」であるなら、信頼関係は構築できません。面談時であろうとなかろうと、部下や同僚との人間関係を円滑にしたいならば、「どう話すか」よりも「どう聴くか」に意識を向けてほしいものです。

【要チェック!】

傾聴以外で信頼関係を構築するアクティビティ

傾聴することは人間関係を作っていくうえでも非常に重要なことですが、傾聴以外にも信頼関係を構築するアクティビティがあります。今から紹介するアクティビティは、大学で1年生の1回目の授業で行っていることです。1回目の授業なので、学生同士お互いに相手のことをよく理解していません。その状態で始めるアクティビティです。タイトルは「共通点探し」です。学生同士でペアになってもらいます。そして、2分間でお互いの共通点をたくさん挙げてもらいます。そして、最後に**「他のペアにはない、私たちだけの共通点」**を発表してもらいます。

「眼鏡をかけている」「音楽が好き」……などはたいてい共通点としてすぐに見つかりますが、「私たちだけの共通点」となるとなかなか難しいです。

ある学生のペアがいました。一人が鹿児島出身、もう一人が群馬出身でした。この二人だけの共通点は、「小学校5年生の時に鳥取砂丘に行ったことがある」でした。「鳥取砂丘」だけではなく、「小5」というところまで共通していました。

この「共通点探し」は「私たちだけの共通点を探す」ことがゴールではありません。限られた時間内でたくさんの共通点を見つけることがゴールです。人はお互いに共通点があると、無意識に相

手を受け入れるそうです。

傾聴しているようで、価値観を押し付けていないか？

クライエントの話を傾聴しながら、私がもう一つ心がけていることがあります。それは**「気持ちを合わせる」**ということです。クライエントが悲しい話をしたら、私は何も言わずに悲しい表情を作ります。クライエントが驚いたならば、私も驚いた表情やしぐさをします。クライエントが楽しそうに話せば、私も楽しそうな表情を作ったり、ジェスチャーを大げさにしたりします。

相手が驚いた話をしたり喜んだ話をしたりする時に、聴く側が「すごいですね」と言うこともありますが、「すごい」を連発している方もいます。『すごい』しか言うことないんかい！」と私は思ってしまいますが、同じリアクションばかりしてたら、相談する側は「ちゃんと私の話を聴いてくれてるの？」と不信感を抱くこともあるので、自分の言動には注意をしてください。

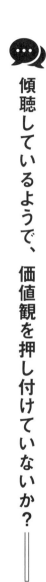

クライエントの相談内容で重要なポイントに来た時には、「オウム返し（そのまま同じことを言う）」や「言い換え（内容を別の言葉で表現）」をしたりします。それは、私が感じたことが正解なのかどうかを確認するためです。

クライエントAさん（女性）

先生、先日はセミナーに参加できて本当に良かったです。実は私は「こうしていきたい！」という目標はあるのですが、なかなか達成できないのです。仕事が大変で、うまくいかず……。どうすればいいのでしょう。

さて、あなたならどのように答えるでしょうか？

どんなお仕事をされているのですか？　仕事が大変ならば、仕事を変えたほうがいいかもしれませんね。一度上司と相談されてはどうでしょうか？

これは、実は「誤答」です。確かに、Aさんの「どうすればいいのでしょうか？」に答えてはいます。しかし、これではクライエントAさんが自ら行動するようにはなりません。

重要なことは、「答えを話す」のではなく「答えを聴く」ことなのです。最終的にはAさん自身が答えを見つけなければなりません。あなた自身の答え（あなたの価値観）を押し付けてはいけないのです。

Aさん自身が自分で答えを見つけることで、いわゆる「内発的動機付け」となり、自らの価値観に沿って人生を歩むことができます。しかし、あなたが伝えた答えは、Aさんにとってはいわゆる「外発的動機付け」です。確かにAさんにとって「なるほど！」と思うこともあるかもしれませんが、その効力は一時的なものであり長続きしません。

では、どのようにAさんに対して答えればよかったのでしょうか。その答えを説明する前に、「内発的動機付け」と「外発的動機付け」について例を交えながら確認しましょう。

内発的動機付けと外発的動機付け

ある三者面談の場面です。

（子ども）「僕、私立○○中学校に行きたいんです。先生、行けますか？」

（母　親）「あんた、何を言っているの？　○○中学校ではなく、△△中学校のほうが面倒見もよくて、勉強もよくできるっていうじゃない？　先生、絶対△△中学校ですよね？」

子ども自身の価値観でいけば、○○中学校です。しかし、母親は自分の価値のモノサシで△△中学校を勧めています。確かに親の気持ちも分かります。「○○中学校に行きたい」というのは子ども自身にとっては（この時点ではなぜ○○中学校なのか理由は不明だが）内発的動機付けです。一方、「△△中学校に行きなさい」は子ども自身にとっては親から与えられた外発的動機付けです。

また、「頑張れ」がクレームになった例もあります。

（先生）「もうちょっと『頑張らな』アカンな」

毎日必ずどこかで聞く「頑張れ」という言葉ですが、使い方を間違えれば子どものやる気を失わせるだけでなく、大きなクレームにつながることがあります。

「もうちょっと『頑張らな』アカンな」と言われた子どもは、実は毎日綿密な計画を立てて、それこそ文字通り「頑張って」勉強していました。ところが思うように成績が伸びずに先生に相談したところ、「もうちょっと頑張れ」と言われてしまいました。「『もうちょっと頑張れ』って先生言うけど、どう頑張ったらええねん！」と家でブチ切れたそうです。つまり、**この「頑張れ」という言葉は、他者から言われた外発的動機付けであり、他者から押し付けられた不適切なアドバイスであり、そして言われた当の本人にとっては全く的外れなアドバイスだったのです。**

それならば、どうアドバイスをしたらよかったのでしょうか。

（先生）「毎日計画を立てて実行しているなんてエライね。でも成績を見ていると英語の点数がまだまだ伸ばせそうだね。特に文法か。中２の２学期に習う不定詞と動名詞、接続詞の練習がもっと必要だなあ。このあたりの文法は暗記ではなく理解が必要だから、難しいもんね。〇〇という問題集を使って毎日ノートに解いてごらん。そうすると力がつくから」

このアドバイスは先ほどのアドバイスと比べると格段に良くなっています。理由は、子どもにとって「何をすべきかが明確である」からです。単に「頑張れ」と言うよりも、敢えて「頑張れ」という言葉を使わずに、どう「頑張ったらいいのか」を具体的に伝えているからです。さらに、「毎日計画を立てて実行しているなんてエライね」と子ども自身の状況を受け入れているだけでなく、「英語の点数が取れていないね。特に文法か。中2の2学期に習う不定詞と動名詞、接続詞の練習」と細かな分析をしてくれているうえ、「文法は難しいもんね」と共感してくれているからです。

つまり、「一歩進んだアドバイスのコツ」は次のようになります。

①相手の状況をそのまま受け入れる（共感する）
②何が問題なのか分析をする
③具体的な行動計画を伝える

これだけでも、子どもはあなたのファンになるでしょう。

しかし、このアドバイスも満点ではありません。「○○という問題集」や「毎日ノートに解く」はアドバイザーであるあなたの価値観を表現した「外発的動機付け」にすぎないからです。子どもに答えを考えさせるのではなく、あなたが**答えを「しゃべりすぎている」**からです。

では、どうすれば良いのでしょうか。

（先生）「○○くん自身は、何が原因で英語の成績が上がらないのだと思う？」

実は、たったこれだけでいいのです。そして、子ども自身に答えを考えさせればいいのです。子どもはこの質問に対して返答するのに時間がかかるかもしれません。しかし、それは「答えが分からない」のではなく、「答えを吟味している」からであり、**アドバイザーがすることは、子どもの答えを「待つ」だけなのです。**

傾聴しながら、話を整理してあげよう

話をクライエントAさんに戻しましょう。

（Aさん）
先生、先日はセミナーに参加できて本当に良かったです。実は私は「こうしていきたい！」という目標はあるのですが、なかなか達成できないのです。仕事が大変で、うまくいかず……。どうすればいいのでしょう。

（私）

先日はセミナーにご参加いただきまして、ありがとうございました。Aさんは、「こうしていきたい！」という目標はあるのですが、なかなか達成できないのですね。しかも、仕事が大変で……。

私はAさんの話をそのまま繰り返しているだけです。いわゆる「オウム返し」には次のような意味があります。

①私の考え（言葉）とAさんの考え（言葉）は一致しているか？

②私の言葉を聞いて、Aさんが改めて自分の言葉（考え）について再考を促すチャンスが得られる

特に、②に関してオウム返しをすることで、Aさん自身がこれまで気づいていなかった他のことを思い出すことがあります。

Aさんは、続けて自分の仕事のことについて話し続けます。

（Aさん）先生、入社して3年目の子がたくさんいるのですが、なかなか意思疎通ができなくて。

（私）なるほど、入社3年目の子となかなか意思疎通ができていないんですね……。（無言）

普通ならば「どうして意思疎通ができないのですか」と訊きたいところでしょう。しかし、敢えて「間（ま）」を10秒設けました。

授業やスピーチが下手な人は、この「間」を有効活用できないのが特徴です。

「間」の効果は次の通りです。

①重要なことを伝える前に、少し「間」をとることで聴き手の注目を集められる
②長い「間」をとることで、相手に心理的恐怖を与えられる

私は10秒ほどの沈黙の時間をとりました。そうすると相手は何か話さざるを得なくなります。この時のAさんの気持ちは、例えば「私、何か間違ったことを言ったのかな」「何か分かりにくい話をしたのかな」「どうしよう、無言になってしまった、何か付け足さないといけないのかな」などでしょう。

間を用いることで、Aさん自身に話させるのがポイントです。Aさんは次第に饒舌になり、こちらが聞きたい情報を自ら話してくれます。

（Aさん）

（入社3年目の子たちは）全然仕事ができなくて。何回注意してもミスは多いし、締切にギリギリにしか間に合わないし……。

次第に状況が分かりやすくなってきました。

（私）

注意してもミスが多いし、締切もギリギリなんですね。

（Aさん）

そうなんです。私の言い方が良くないのでしょうか？

（私）

言い方が良くないとお考えなのですね。

（Aさん）

えっと、「ちゃんとマニュアルに書いてあるでしょ」とかですね。

（私）

「マニュアルに書いてあるでしょ」について、どの点が「良くない」とお考えですか？

質問の仕方には2種類あります。一つは**「クローズド・クエスチョン（イエス・ノーで答えられる質問）」**です。もう一つは**「オープン・クエスチョン（イエス・ノーではなく、自由に答えられる質問）」**です。私が最後に使った「どの点が『良くない』とお考えですか？」はオープン・クエスチョンです。Aさん自身の考え方を聴きたかったからです。

Aさんとの面談はおよそ60分程度で終了しましたが、「ちゃんとマニュアルに書いてあるでしょ」という言い方についてさらに深く掘り下げます。

第3節

他人を変えるのではなく、自分を変える

相手との距離感で言葉を選ぼう

「（Aさんの）言い方が良いか悪いか」は聴いている私には判断できません。例えば、関西弁でよく「あほやなあ」と言いますが、客観的に見て「あほ」という言葉だけをとらえれば、明らかにマイナス表現です。しかし、関西人ならばよく分かると思いますが「あほ」にはかなりの親しみの感情がこめられていることが多いのです。その場合はプラス表現になります。

だから、Aさんが入社3年目の社員に「ちゃんとマニュアルに書いてあるでしょ」と言ったとしても、それが「親しみをこめて」言っているのか、「怒り

に満ちた気持ち」で言っているのかは、その時その場にいない私には分かりません。

ましてや**当事者である社員たちとAさんとの関係（距離感）によっても感じ方が変わってきます**。Aさんがいくら親しみをこめて、満面の笑みで「マニュアルに書いてあるでしょ」と言っても、Aさんと社員との距離が遠いならば、当事者にとってはAさんの笑顔は恐怖以外の何ものでもありません。

主役を間違えるから伝わらない

第2章でも書きましたが、主役は「聴き手」です。この場合は、入社3年目の社員たちが主役になります。彼ら、彼女たちが主役となって生き生きと働ける職場とはどんな職場でしょうか。

毎日誰かに「あいつは仕事ができない」「あいつは仕事が遅い」「ミスばかりする」「また、失敗したのか」と言われ続ければ、言われた側は徐々に仕事がつまらなくなり、やりがいや目標を失ってしまいます。ひどい場合は「どうせ、私は仕事できませんから」と思い込んでしまうことさえあり得ます。あなたはこのように誰かにネガティブな言葉ばかりを言ってはいませんか。ネガティブな言葉の影響はどんどん広まっていきます。また、最近では「不機嫌」も周りに感染することが知られています。

あなたの知らないところで、「あの上司ムカつく」「あの上司、全然分かってくれない」「あんな上司になりたくないわ」と言われているかもしれません。そしていつの間にか、お互いが信用できなくなり、仕事は進まなくなります。

しかし、相手に威圧感を与えるような発言をしている上司は「自分の言っていることが正しい」と思っている場合が多いのです。今まで部下のお尻をたたいて、時には怒号という技を使って業績を上げ出世したという「成功」から逃れられないからです。また、上司自身もそのように育てられたという経験があるからです。

苦しみを解決してあげる処方箋になろう

高校生を教えていると、さっぱり英語ができない生徒が時々います。そんな子に限って、集中力が切れ授業中に寝てしまったり、他の生徒にちょっかいを出したりします。提出物は期日までに仕上げないので、注意をしますが、一時的に改善するものの、またもと通りになります。そして案の定、定期テストをすれば欠点か欠点スレスレ。だから、その子を呼び出して注意しますが、本人は一向に変わりません。本人の意識が変わらないのが原因です。しかし、人は他人の意識を変えることはできません。他人の意識を変えるために注意しても、その注意は「外発的な要素」に過ぎないからです。

他人の意識を変えるためにするべきことが2つあります。

①本人が気づくこと

②対応する我々の意識を変えること

最も良いのは、本人が気づくことですが、なかなか気づいてくれません。気づかないまま、高校を卒業することもあります。だから、**伝える側の我々の意識を変える必要があります**。他人は変えられませんが、自分の意識は変えられます。

ほとんどの先生は「あれだけ言ったのに」と愚痴をこぼしています。しかし、生徒には効き目が全くありません。このような状況の場合、私は「叱らない」という選択肢をとります。**生徒の「苦しみ」を取り除いていないから生徒は何も変わらない、ということに気づいたからです。だから、叱る代わりに「傾聴する」ことにしました。**

（私）　（生徒が高校2年生と仮定）いつから英語が嫌いになったんや？

（生徒）　中1。

（私）　中1からか。何かきっかけはあったんか？

（生徒）　特には……。

（私）　（「何か不安そうな、言いたそうな顔をしているな」と思いながら）特にはないんか……。（間をあける）

（生徒）　（沈黙……）

（私）　（沈黙……）

（生徒）

（沈黙……）

（私）

明日、16時は空いているか？　補講を30分しようっか？

このまま沈黙が続いても仕方がないので、まずは生徒に提案をしてみました。提案をすることで、どう反応するか確かめたかったからです。

（生徒）

分かりました。

何かまだ言いたいことがあったのは様子から察することができましたが、今日はこのくらいにしておいたほうがよいと判断し、生徒を帰しました。

そして次の日、16時にきちんと来てくれました。私は次のような話をしました。

「来てくれてありがとうな。英語が苦手な原因を一緒につきとめような。それに、先生も昔そうやってん。前にも話をしたけど、高校に入学した時は副校長先生に呼び出されたんやで。『学年で下から2番目ですよ！　高校は義務教育と違いますから、きちんとやらないと知りませんよ』ってね。母親ともどもめちゃくちゃ叱られたんやから。でもな、ちゃんと勉強のやり方が分かったから、センター試験の英語はいつも自慢しているけど196点も取れてんで。ただ適当に勉強するんやなくて、正しいやり方で正しく勉強する。時間はかかるかもしれへんけど、それが一番ええねん」

生徒は少し明るい表情を見せてくれました。30分という補講時間に設定しているのも「無理のない範囲」だと考えたからです。まずは、中1の内容の復習を行いました。

私はどこで生徒がつまずいているのかチェックをするために、生徒には酷かもしれませんが、アルファベットがきちんと書けるかどうかから確認します。「アルファベット、ｂｅ動詞の現在形、一般動詞の現在形（一人称・二人称）、一般動詞の現在形（三人称）、疑問詞、複数形、現在進行形、助動詞 can」の順に中学1年生の問題を抜粋してやらせてみます。そうすると、一般動詞の現在形（三人称）でつまずいているのが分かりました。次に中1の教科書を音読させてみます。すると……、

（私）　ここやな……。

（生徒）　うん。先生の言っていること分かれへんかってん。それに、結構サボってたてん……。

（私）　そうか、サボってたんか（笑）。先生の言うことも難しいもんな。〈共感〉

（生徒）（うなずく）

（私）　じゃ、今度はここ（一般動詞の現在形〈三人称単数形〉）をやろか。「急がば回れ」って言うしな。ここをクリアすれば、（失われた時間を）取り戻せるから。

次の補講日を決めました。毎回、簡単なレクチャーをしながら、問題をやらせてみます。生徒も満足そうです。すると、授業中も集中して取り

組むようになり、寝なくなりました。うれしくて他の先生にも報告しました。他の先生は「えっ、あの子が。信じられない」という顔でした。

[要チェック!]

なぜ、取り組まないといけないのか、分かっていない

ある高校で夏期講習だけ臨時で授業を持つように頼まれたことがありました。引継ぎで、「みんな席は後ろに座るんです。宿題もやってこなくて」と大変嘆いておられました。私は「まあまあ強敵なクラスやな」と思いながら、初日を迎えました。先生がおっしゃっていたように、受講生は全員後ろに座っていました。ところが私は「前に座りなさい」とは一言も言わずに授業をスタートしました。

この手のクラスでは英語の授業を初回にする必要はありません。そんなこと

よりも、どうしたら「内発的動機付け」ができるか、そこに全力を注ぐべきです。だから、私は「なぜ勉強をするのか」「勉強をすることで得られることは何か」ということをじっくりと話しました。だいたい30分くらい、様々なエピソードやデータを用いて話したと思います。生徒の姿勢も徐々によくなり、目が輝き始めました。45分授業だったので、残り15分程度は問題を数問解かせました。チャイムが鳴ったので、「休憩後、解説するから。その時、席を移動してもいいよ」と伝えました。10分後、2コマ目がスタートしましたが、控室から教室に戻ってきたら全員、前に座っていました。

「勉強しなさい」だけでは通じません。「なぜ勉強をする必要があるのか」をしっかりと伝え納得させることができれば、生徒の意識は変わるというのを身をもって体験した出来事でした。

頭の中だけで考えるから、うまくいかない

話を元に戻します。

（Aさん）

先生、先日はセミナーに参加できて本当に良かったです。実は私は「こうしていきたい！」という目標はあるのですが、なかなか達成できないのです。仕事が大変で、うまくいかず……。どうすればいいのでしょう。

（私）

先日はセミナーにご参加いただきまして、ありがとうございました。Aさんは、「こうしていきたい！」という目標はあるのですが、なかなか達成できないのですね。しかも、仕事が大変で、うまくいかず……

（Aさん）

先生、入社して3年目の子がたくさんいるのですが、なかなか意思疎通ができなくて。

（私）　なるほど、入社3年目の子となかなか意思疎通ができていないんですね。

　　　　……。（無言）

（Aさん）（入社3年目の子たちは）全然仕事ができなくて。何回注意してもミスは多いし、締切にギリギリにしか間に合わないし……。

（私）　注意してもミスが多いし、締切もギリギリなんですね。

（Aさん）そうなんです。私の言い方が良くないのでしょうか？

（私）　言い方が良くないとお考えなのですね。

（Aさん）えっと、「ちゃんとマニュアルに書いてあるでしょ」とかですね。

（私）

「マニュアルに書いてあるでしょ」について、どの点が「良くない」とお考えですか？

ここまでは前述しました。

（Aさん）

それが分からないのです。どうしてでしょう？

（私）

どうしてだと思いますか？

私はAさんの「どうしてでしょう？」という質問に対する答えについて、いくつか見当がついていています。しかし、敢えてその答えは言いません。**Aさん自身に気づいてほしいからです。**だから、少々いじわるかもしれませんが「どうしてだと思いますか?」と逆に問いかけました。

(Aさん)

うーん、マニュアルが分かりにくいのですかね。

(私)

どう、分かりにくいのでしょうか。もう少し詳しく教えてください。

(Aさん)

実は、思い出してみると、私もあのマニュアルのこと「分かりにくいなあ」って思ったことがあるんです。

(私)

なるほど、Aさん自身も「分かりにくいなあ」と思ったことがあったんですね。

(Aさん)

ええ、新入社員の時でした。

（私）
今後、どうしたらいいでしょうか？
（Aさん）
早速、マニュアルを誰が見ても分かりやすいものに作り替えます。

期日と方法を決める

Aさんが自分で原因に気づいてくれました。だから次に私は目標設定と実行を確実にするために次のように問いかけました。

（私）
いつ、マニュアルを替えますか？
（Aさん）
えっと……。今月中には。

（私）
じゃ、5月31日でいいですね。では、どのように改訂しますか？
（Aさん）
そうですよね、どうやって改訂すればいいんでしょう。
（私）
……。（沈黙）
（Aさん）
みんなに手伝ってもらいます。みんなの意見を聞きながら！

ここで問題が一つあります。期日を決めたものの、「みんなで意見を出し合いながら改訂」というところです。

Aさんは、入社3年目の社員と意思疎通ができていない現状があります。そんな状態で、果たして意見を出してもらえるのでしょうか。ここからがリーダーの資質が問われるのです。

第4節

答えは自分の中にある

できない病・やめとけ病の発症を食い止める

あなたに意思疎通が難しい部下や生徒がいて、みんなで意見を出し合いながら話し合わなければならないと仮定します。しかも仕上げの期限が決まっていると想定してください。あなたがリーダーならばどうしますか。

「成功する」か「成功しない」かは別として、**リーダーとしてあなたが現時点で取り組める手段は何でしょうか。**

話は脱線しますが、あなたの周りには「できない病・やめとけ病」を発症する人はいませんか。

私はある時、セミナー会場の開場を列に並んで待っていました。そこである二人の男性が「夏休みのキャンプの集合」について話をしているのを耳にしました。

（Cさん）

この入口付近をみんなの集合場所にするのは、どやろ？

（Dさん）

ここだと、去年から変更ですね。そうするとみんな「去年とは違う」っていうことで、混乱するので、やめといたほうがいいと思います。去年と同じでええんちゃいますか？

（Cさん）

そやろか。次の総会でみんなに（新しい集合場所について）話をすれば大丈夫と思うんやけど。

（Dさん）
去年もそうやったんですが、このキャンプ場に行ったことがある人もいましてね、集合場所に集合せずに、直接現地に向かう人もいはるんですわ。（総会で）話をしても意味がないと思いますよ。

（Cさん）
そのことは、少し検討させてもらえますか？　ところで、キャンプの案内冊子を作ろうと思うんですが、去年のより詳しくしたほうがエエかなと思いまして。

（Dさん）
冊子を作り替えるの、大変とちゃいます？　去年と同じでエエんちゃいますか。そんなに詳しくしても、みんな見ないと思いますよ。それに会長さん、負担でしょ。そこまでやらんでもエエんとちゃいますか？

二人の会話の特徴は分かりますか？　Cさんの意見に対して、Dさんは否定しています。

せっかく何かに取り組もうと思っても、ネガティブな発言をする人が周りにいたり、ネガティブな思考が自分の心を支配したりするようになれば、結局何もできなくなります。そのような経験はありませんか？

ネガティブな発言をする人の多くは「面倒だ」という気持ちがあったり、「(「できない」という）思い込み」が激しい人であったりすることが多いです。確かに、世の中には変化を好まない人もいます。また、変化を恐れる人もいます。変化しないことのほうが長い目で見れば正解になることもあります。

問題点や課題をきちんと分析し、対策を立ててから「この方法ではできない・無理」と決めるのならばよいかもしれません。**しかし、最初から何も考えずに「できない」「無理」と決めつけるのは良くありません。それはチャンスを逃しているのと同じです。まずは、やってみることが肝心です。やってみてできなければ、どこに問題があるのか分析し新たな対策を練ったり、時にはも**

とに戻すことも必要です。

さて、ここで、私に相談に来たAさんを思い出してください。目標はあるものの、なかなか達成できません。特に仕事が大変で、入社3年目の社員たちと意思疎通がうまくいっていません。Aさんから見れば、この社員たちは「全然仕事ができない。何回注意してもミスが多い。締切ギリギリ」の状況です。Aさんが「ちゃんとマニュアルに書いてあるでしょ」と言っても改善されず、自分の言い方が悪いのではないかと考えています。Aさんは「マニュアルの分かりにくさ」に気づき、マニュアルを誰が見ても分かりやすいものに替えることを5月中にすると決意しました。マニュアルの改訂にあたっては「みんなの意見を聞きながら」行いたいのですが、現状では社員たちと意思疎通ができない状況です。

（私）
いつ、マニュアルを替えますか？
（Aさん）
えっと……。今月中には。
（私）
じゃ、5月31日でいいですね。では、どのように改訂しますか？
（Aさん）
そうですよね、どうやって改訂すればいいのだろう。
（私）
……。（沈黙）
（Aさん）
みんなに手伝ってもらいます。みんなの意見を聞きながら！

私はAさんに次のように尋ねました。

（私）

「Aさん、できるかできないかは別として、みんなから意見をもらう方法について考えられるだけ考えてみてください」

この問いかけは**「成功につながるかもしれない方法をできるだけたくさん考える」こと**を意図しています。もちろん世の中には「偶然の成功」もあります。しかし、あらかじめ様々な場面を想定しておくことが重要です。個人的な意見ですが、私はプラス思考よりもマイナス思考のほうが成功すると考えています。マイナス思考だからこそ、慎重に考えることができるからです。考えられるリスクをすべて事前に洗い出しておくことで、いざ本当にそのリスクがやってきた時でも落ち着いて対処できるからです。

私はAさんの答えを待ちました。Aさんは次のような答えを出しました。**A**

さん自身が考え出したことに意味があります。

①マニュアルの改訂に関するアンケートを作成し、アンケートに記入してもらう
②時間を決めて、ミーティングを開く
③一人ひとりに話をしてみる
④一緒に飲みに行く
⑤積極的に私から話しかけに行く
⑥叱らずに褒める

あなたなら①~⑥のどれを使いますか。

（私）

Aさん、すごいですね！　たくさん思いつきましたね。Aさんは、どれ

からやってみますか？

（Aさん）
うーん。先生ならどう思いますか？

（私）
個人的な意見を申し上げますと、全部やりましょう！

Aさんは私の答えに最初は驚いていました。しかし、「全部やりましょう」と発言した意図を説明したら、Aさんは十分納得されました。

私は、次のように説明しました。

（私）
「Aさん、素晴らしいです！　こんなにもアイデアが浮かびましたね！
私は3つしか答えが浮かびませんでした。本当にすごいです！　実は
問題解決の方法なんて一つじゃないんです。数学の答えは基本的に一つ

です。しかし、現実の社会の問題に対する解決方法は一つじゃない。世の中にはたくさんの問題解決のための本がありますが、どれも使えないいんです。だって、当事者が考えた解決方法じゃないいんだから。Aさん自身が答えを見つけたからこそ意味があるのです。だから全部やりましょう！　うまくいくかいかないかなんて、やってみないと分からないいんです」

私は決して問題に対する解決手段を押し付けていません。Aさん自身が考え出した答えです。私が答えを与えたら、それは「外発的動機付け」になり、「やらされている」「言われたから、やって

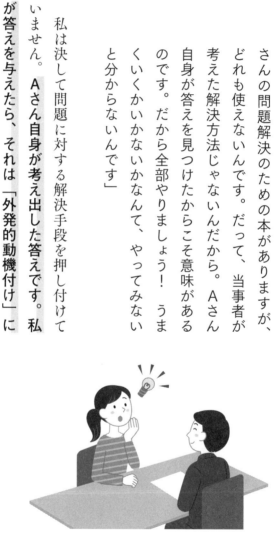

いる」というようになってしまいます。しかし、①〜⑥はAさん自身の「内発的動機付け」の力で導き出した答えです。だからこそAさんは「自分がやらなければならない」と感じ、自ら考えて行動するようになります。

リーダーは馬鹿になろう

先ほどのAさんとのやりとりの中で、「私は3つしか答えが浮かびませんでした」という言葉があります。これは私が意図的に発した言葉です。

私は、「馬鹿」というのは使いようによっては最大にコミュニケーション技術となると考えています。一般的に頂点に立つリーダーはそれなりの苦労をし、考え、成功してきた人たちです。だから、そのようなリーダーに対して尊敬の念を周囲が抱くのも当然です。時には、尊敬の念を通り越して「近づきがたい」存在のように思われてしまうリーダーもいます。

「近寄りやすいリーダー」と「近づきがたいリーダー」のどちらが良いかの正

解はありません。例えば、「近づきがたいリーダー」に会うために大金を払ってでも会いに来る人々は意外に多いです。だから、1回のセミナーが1000万円なんてものもあります。それだけ、めったに会えないリーダーから直接学べる機会を得ることに価値を見出している人もいます。

ところが、一般的にコミュニケーションが取りやすいのは、「近寄りやすいリーダー」です。このコンサルティングではAさんにとって私は「リーダー」として存在しています。当然、Aさんは「西先生が的確な答えを持っている。だから西先生に相談すれば、自分の悩みもすっきり晴れる」と思ってわざわざ高いお金を払ってでも会いに来てくれます。

コンサルタントの仕事は答えを伝えることではありません。答えを引き出し、クライエントに仕事においても人生においても自信をもってもらうことです。そのためには、リーダーであるコンサルタントは馬鹿にならないといけないこともあります。

「私は3つしか答えが浮かびませんでした」の発言の裏には、Aさんのほうがリーダーである私よりも「すごい」と思わせるための仕掛けです。Aさんが「西先生よりたくさんの答えを思いついた！」と無邪気に喜べる瞬間を意図的に私が作り出しました。その結果、（いい意味でだまされた）Aさんのモチベーションは上がります。

私は答えを知っていても答えを敢えて言わないようにしています。その代わりに、クライエントが自らの言葉で答えられるようにします。それが、クライエントの自信につながり、今後の人生に大きな影響を及ぼすからです。

会社に戻れば、今度はAさんが入社3年目の社員たちのリーダーになります。だから私はAさんが思いついた6つの答えに対してさらにこう付け加えました。

（私）　Aさん、実は私は3つしか思い浮かばなかったのですが、2つはAさんと同じものでした。しかし、もう一つはAさんが思いつかなかったものです。それは**「リーダーは馬鹿になれ」**です。

（Aさん）

えっ、どういうことですか？「リーダーは馬鹿になれ」って。

（私）

Aさん、意思疎通がしにくい相手と話をするのはかなり難しいです。だから、Aさん自身が教えを請う気持ちで接してあげてほしいのです。Aさん自身が答えが分かっていても、社員が答えるのを待ってください。待ち続けてください。そして、その答えがどんなにくだらないものであっても、褒めましょう。その答えを尊重してください。

第5章

あなたは憧れの対象ですか

第1節

些細なことまで用意周到に準備をしよう

言葉だけでなく、気持ちが伝わる

私は、常に1発目の授業を大切にしています。初めて担当するクラスは特に練りに練っていきます。よく「人は第一印象で決まる」と言われますが、先生も同じで「1発目の授業で決まる」と言っても過言ではありません。

セミナーでも同じです。初めてお会いするお客様。お客様は高い料金を支払って私のセミナーを受けに来てくださるのだから、私の発する一言一言がお客様が支払った料金以上のものでなければ意味がありません。授業にしろ、セミナーにしろ、私は相当の「準備」のための時間をかけています。

あなたが人の上に立つ立場にいるならば、あなたは周囲の**「憧れの対象」ですか？**

職場に行って常に疲れた顔の上司がいたならば、「俺はあんな風になりたくない」と思う部下がいても当然です。「今日は西さん、疲れた顔ですね」と言われると、恥ずかしくて仕方ありません。プロ講師として失格です。体調管理は何にもまして重要です。

どんなにきつい業務であっても、あなたは常に笑顔でいられますか。あなたが、笑顔で「大丈夫だよ！　ピンチはチャンスだ！」と周りに声をかけることができれば、部下たちも生徒たちもやる

気いっぱいになります。たとえ、あなたが多くを語らなくても、あなたのその思いが周りに伝わります。

しかし、一方で、「やばいよ。このままだと、本当にやばいよ」など毎日周りにボヤいていたら、部下や生徒はたまったものではありません。**リーダーとしてのあなたの発する表情や言葉が、周りに大きな影響を及ぼしていることに早く気づくべきです。**

順番に意図を持たせる

この章の冒頭で私は、『授業にしろ、セミナーにしろ、私は相当の「準備」のための時間をかけている』と書きました。例えば、50分の授業を想定します。1発目の授業は、**「子どもたちのハートに火をつけるだけでなく、今までの先生とは違い、『この先生について行ったら成績が本当に上がるのではないか』と期待させる」**ことを狙って準備を進めます。

とは言うものの、1発目の授業は相当慌ただしいものです。教科書や教材、プリントを配布したり、小テストのやり方や成績評価の仕方を伝えたりなど、事務的・連絡事項的な作業が多くなりがちです。子どものことだから、教科書を配れば、中身に興味があるので、こっちの話などそっちのけで、教科書の中の面白い写真を探し出します。ヒットするものがあれば、後ろの友達に「これ、見て～」となったりします。それに反応して、周りの子も「どれ？」となり始めると、もう収拾がつきません。1発目の授業から「静かにしろ！」と怒鳴ることになります。そうなるのが分かっているから、私は事前に対策を練っておきます。

そもそも、新しい教科書を配れば中身を見たくなるものです。それは子どもでも大人でも同じでしょう。それならば、思う存分見させればいいのです。もしくは、「15ページを開けてごらん。面白いものが載っているよ」と先に言ってしまえばいいのです。子どもたちの集中力は一気に高まり、全力で15ページを開けます。そして2、3分すれば、だんだん教科書の中身にも興味を失って、教科書を閉じる子が出てきます。そのタイミングで次の話や作業に移るのです。

教科書や教材を最後に配るという手もあります。最後に配ることで余計な騒ぎを抑えることにつながるからです。

私は教科書や教材を「先に配るか、後に配るか」と問われれば、ほぼ間違いなく「先に配る」ほうを選びます。なぜならば、教科書を配り中身を見させることで、1発目の授業に対する子どもたちの緊張感もゆるむ（いわゆるアイスブレイク効果になる）からです。ちょっとした盛り上がりを演出することで、それまで張りつめていた空気を和らげることが可能です。

教材の配り方のような些細なことを真剣に考えている人は少ないのではないでしょうか。「大事の前の小事」と言います。リーダーとしてのあなたの「憧れ力」を高めるためには、些細なことにまで気を配る必要があります。

リーダーとしての基準を伝える

教科書を配るというお楽しみタイムが過ぎれば、次に「成績評価」についての話に移ります。小テストや提出物、授業態度などのことを伝えなければなりません。私は、この話に一番気を遣います。

「このクラスはいつも授業開始ギリギリに来る」という不満があったとしましょう。それならば最初の授業で「3分前には教室に入って席について小テストの用意をしておくように」というルールを伝えておけばよいのです。ルールを伝えていないから、うまくクラスをコントロールできないのです。ルールを明確に伝えておけば「叱る」ことも可能です。私は小中学生を教えていた頃、「小テストを2回連続で合格しなければ呼び出しをしたうえ、かなりの課題を出します。小テストも課題も自分の成長のためにあります。きちんとしてこなければ叱るので」と伝えていました。伝えるだけでなく、自分の授業方針を紙に書いて配布しました。だから、「叱る・叱られるのは当然である」と子どもたちは納得します。

中学〜大学というのは人生でも学ぶべきことが最も多い時期の一つです。学校という社会での学びが子どもたちの人格形成につながり、また社会に出て生きていく際の基礎づくりともなる大事な時期でもあります。「褒めて伸ばす」という考え方も大事なのでしょうが、ルールを守らせ、ルールを破ったらそれなりの罰を与えられるということを認識させることも重要です。この時期に子どもたちにかける言葉というのは決して軽くてはいけませんし、また、いい加減なものであってはいけません。だから、時には厳しいことも言わなければなりません。

余談ですが、「厳しく言えない」「叱ることができない」という先生やリーダーが多いです。「生徒に嫌われたらどうしよう」「保護者がクレームをつけてきたらどうしよう」など様々な不安がよぎるのは分かります。しかし、**信念と愛情を持って、正しいことを声を大にして言うべきではありませんか。**中途半端な対応しかしないから、結局こじれた状態になってしまうのです。叱るべきタイミングで叱らないから、「あの先生は甘いなあ」「優しい先生やなあ」と思われるのです。**リーダーに「人を育てよう」という信念がないことが問題なのです。**

リーダーは常に、「このクラス（会社・部署・チーム）をこうしていきたい」という明確なビジョンを持ち、そのために短期・中期・長期的な目標設定をし、目標達成のための行動指針を策定すると同時に、何が目標達成の妨げになっているのかという問題点を洗い出し、その解決方法を考えておかなければなりません。また、クラス（会社・部署・チーム）の個々の性格を把握し、それぞれとのコミュニケーションの取り方を研究しておくべきです。

「褒めて伸びる」タイプもいれば、「褒めなくても伸びる」タイプもいます。

「叱っておしりを叩いた方が良い」タイプもいます。「自分で考えて行動する」タイプもいます。一人ひとりの性格に合わせてアプローチの仕方を変えていきましょう。信頼関係ができていれば途中で生まれるズレは必ず修正できます。たとえ、厳しい言葉であっても、お互いに納得していれば、受け入れてもらえます。

だから、私は1回目の授業で明確なルールを伝えます。「何が良くて、何が良くないのか」をきちんと説明します。

「〜しなさい」では「しない」

部下や生徒に指示したにもかかわらず、思ったような成果が出なかったことがあります。それは一体誰が悪いのでしょうか？

この本をお読みいただいている方はもう気づいていると思いますが、悪いのは、指示を出すあなたです。

例えば、「単語テストの合格基準点は8割。合格するためにはきちんと覚えておくこと」という指示を出したとします。しかし、この指示の仕方では私の経験上、合格率は低くなります。

単語テストは、本当に嫌いな生徒が多いです。単語テストというよりも「暗記が苦手」と考えているからです。しかも「覚えられない」という嫌な経験が何度も積み重なり、単語テストに拒否感を抱いています。

だから、私は「覚える」という作業に関しても、記憶のメカニズムを頼りに私が知っている限りの暗記方法を説明します。そして、「覚える」ことが〝楽習〟になるように話をします。「単語の覚え方」については具体例を示しながら毎回10～15分は割いています。「『覚えておきなさい』では本当に覚えるのが苦手な子は覚えてこない。だから、『覚え方を教える』ようにしなさい」これはある先輩講師から教えていただいたことです。

分かりやすく話す先生は多いです。しかし、「ついていきたくなる先生」の説明は分かりやすいだけでなく、信頼がおけるものです。だから、「あの先生の授業だけは休みたくない」というように言われます。

ついつい、「こんなこともできないのか！」や「バカヤロー！」などと言っているようでは、結局あなたは「憧れの対象」になれません。

第2節

夢を語り、語らせる

1冊の辞書が日本を変えた

あなたは常に部下に、生徒に、「夢」を語っていますか。または、部下や生徒に夢を語らせていますか。

ここで夢を追い求めて日本を変えようとした話を紹介します。

私はよく大阪は梅田で仕事をしています。大阪メトロ御堂筋線梅田駅のとなりに淀屋橋駅があります。そこから5分ほど歩くと、突如ビル群に囲まれた古めかしい武家屋敷風の建物が現れます。この建物こそ、あの大阪大学の原点である「適塾」です。

適塾は緒方洪庵（1810～1863）が塾主となり、全国から志のある若者が集まりました。そして日本の近代化を促進させた多くの人材を輩出しました。福沢諭吉、橋本左内、大村益次郎らがそうです。

適塾の塾生らは当時最新の医学知識をオランダ語を通じて学んでいました。しかし、適塾にはオランダ語の辞書である「ヅーフ辞書」が1冊しかなかったのでした。日本にはまだない最新の知識を学ぶことに懸命だった当時の若者にとっては、この1冊の辞書を奪い合うように読んだそうです。

彼らをそれほどまでに燃えさせたものは何だったのでしょうか。それは「知らない世界を見たい」「新しい医学の知識を身につけて人々を救いたい」「日本を変えたい」という強い信念だったと私は推測します。

今は、辞書を奪い合うということはありません。一人1冊の辞書（もしくは電子辞書や辞書機能のついたスマホ）を持っている時代です。では、子どもたちは「何のために」勉強しているのでしょうか。

適塾の塾生にはきっと心の底から湧き出る使命感があったに違いありません。

しかし、現在の教育事情はどうでしょうか？　「英語を身につけたほうが就職に有利だ」「留学に行ったほうが就職の際の自己PRがよくなる」など、正しいのか正しくないのかよく分からない「損得勘定の情報」がやる気を起こさせているようにしか思えません。もちろん、なかには、「○○大学の○○学部に入って、△△を研究し、将来は日本や世界の発展のために活躍したい」と考えている生徒もいるでしょうが、ごく一部ではないでしょうか。なんとなく大学に行って、なんとなく就職して、なんとなく生きていく……。「なんとなく」だから、自分の強みも弱みも分からない。何がしたいかも分からない。未来に対して希望も持っていない。「なんとなく人間」が増え続ければ、この日本は大丈夫でなくなるかもしれません。

あなたの会社で働く人たちはどうでしょうか。「働かなければ生活ができない」「貯めたお金で海外旅行をしたい」もちろん、このような考え方は否定しませんし、私もそういう考え方もします。**しかし、生活や趣味のお金以上に、「だから、この仕事は面白いねん！」と部下に言わしめるように、どれだけ人を育ててきたのでしょうか。**

「そうは言っても、西さん、うちの社員は初めからやる気がないんですよ」という声が聞こえてきます。

意外なところにやる気がある

「やる気がない生徒」「やる気がない社員」――とても厄介ですが、実は、我々はその人たちの生活の一部しか見ていないことに気づいてください。学校に行けば学校での姿しか見えません。会社に行けば会社での姿しか見えません。仮に8時間会社にいたとして、残りの16時間については基本的に我々はお互いに見えていません。そして、我々はつい、その8時間だけを見て「あいつはやる気がない」と判断してしまいがちです。しかし、果たしてそれだけで「あいつはやる気がない」というレッテルを貼ってよいのでしょうか。

私の教え子にかつてこんな中学生がいました。授業は休まないのですが、「塾に来ているだけの生徒」と言われている子でした。小テストの点数はボロボロで、再テストもボロボロ。宿題もほとんどやってきません。休憩時間になると他の子と仲良くしゃべっています。まさしく、勉強に対してやる気がない状態の子で、親もほとほと困り果てていました。

こんな子が突然変わったのです。急に小テストは満点近く連続で取れるようになり、定期テストの点数も大きく伸びました。今までどの先生もお手上げ状態だったのですが、一体どうしたのでしょうか。

ある日、私はその子が自習室で勉強をせずに読書をしているのをたまたま発見しました。私はその子を呼び出して、こう聞きました。

「本、好きなん？」

その子はとても恥ずかしそうに「うん」と答えました。

「何の本？」

その子は、当時流行っていた作家の小説を読んでいました。私はその小説の中身や作家のことについてはよく分からなかったのですが、思い切って嘘をついてみました。

「その作家やったら知ってる！　めっちゃおもろいよね」

そうするとその子は、「先生、分かるん？」と満面の笑みを浮かべました。こんな笑顔、塾で今まで見せたことがありませんでした。


この手のタイプは勉強そっちのけで、夜更けまで夢中になって本を読んでいることがあります。だからこの子が小テストの勉強をしない原因は「深夜の読書」にあるのではないかと推測し、次のように相手の腹を探るように話してみました。

「本っておもろいよなあ。先生も読みだしたら止まらへんねん。深夜まで読んでしまうねんなあ。だから先生もけっこう寝不足になるねん」

この質問は効果抜群でした。この子も、私と同じだったからです。親から「もう寝なさい」と言われて電気を消しても、布団の中で携帯電話の画面の明かりを頼りに読書を続けていたのでした。

つまり、この子は「やる気がない」のではなく、「読書にやる気の全力を傾けているから、勉強にやる気を傾けられるほどの余裕がない」というのが真実だったのです。

あなたの周りの「やる気のない社員」もひょっとしたら、「ゲーム」「ファッション」にエネルギーを注いでいるため、肝心の仕事に割くためのやる気がないのかもしれません。

人は24時間で様々な役割を演じます。私ならば、「(息子から見た)パパ」・「(学校から見た)保護者」・「(町役場に問い合わせをする)町民」・「(大学で授業をする）講師」・「（予備校で授業をする）講師」・「（帰宅後ママと話をする）夫」・「（離れたところに住んでいる両親に連絡をする）長男」・「（人生や仕事について相談を受ける）キャリアコンサルタント」……。どれも100％の力を注ぎたくても注ぐことはできません。バランスをとりながら、「今日はパパ70％」の時もあります。**「会社や学校で見せる一面」だけですべてを判断するのではなく、「見えていない部分」も理解する力がリーダーには必要です。**

共感からやる気を引き出す

当時の私は塾の責任者でしたので、私はこの子の成績を伸ばさなければなりませんでした。しかし、いくら注意（外発的動機付け）をしても勉強に対してやる気を出させられませんでした。ところがついに、この子のやる気が勉強ではなく「読書」にすべてが注がれていることが判明しました。

さあ、どうやって「やる気」を勉強に向かわせようか、それが悩みでした。

ここで私は「1点集中」の方法を採ることにしました。つまり、徹底的に「読書」にこだわったのです。そこでこの子にいくつかの質問を投げかけました。いわゆる「探り」です。

「どのくらいのペースで本を読んでいるの？」

「今までで一番面白かった本について紹介してよ」

「本はどういう基準で選ぶの？」

「将来は作家になってみたくない？」

この子にとって、読書は自分の得意分野です。私の質問に考えながら的確に答えてくれました。「この子は、ちゃんと受け答えできる子やな。ちゃんと自分の考え方を持ってるんやな」と徐々に分かってきました。とにかく話したいだけ話させました。この子からどんどん言葉が湧いてきます。さすが、本を読んでいるだけあって語彙力が豊かであることにも気づきました。こちらも負けじと記憶を辿りながら自分の読書歴について披露しました。お互いが共感し合っている瞬間です。

だいたい話が出尽くしたところで、いよいよ本題に切り込みました。「やっぱさー、この作家の言葉とか文章の展開ってすごいやん？　思いつきで書いたんとちゃうやろうなあ。多分、いっぱい下書きして、ほんで、書いては消してなどして文章を作ったんとちゃうんかなあ」と私は尋ねました。その子も「そりゃそうやと思うで」と合点してくれました。「そうやろ。作家もな、ええ本書くためにいっぱい情報を収集して整理してるんとちゃうんやろか。やっぱ作家もみんなに読んでもらえるように『勉強』してるねんで。勉強って大事やろ？」その子はストーンと納得してくれました。「先生、ええ作家になるように勉強するわ！」

夢を思いきり語らせる

さらに私は敢えて次のように仕掛けました。「勉強できるようになったら、

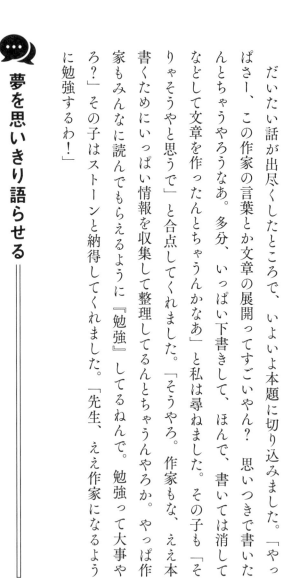

ええ作品書けそうやなあ。どんな本書いてみたいん?」とその子に**夢を語らせるチャンスを作ったのです**。「まだ、分からへんねんけど、親子の愛情みたいなものを書きたいなあ」意外な答えに驚きましたが、「おまえやったらできる!」としっかりと後押ししたつもりです。

私は今でもクライエントには夢を語らせるようにしています。どんなに現状がひどくても「実現できるかどうかなんて気にしなくていいから、あなたの夢を語ってください」とお願いしています。そうすると、本当の心の声が聞こえてくるような気がするからです。夢はクライエントの狭くなった視界を広げてあげる効果があります。あなたの

部下が職場では無口で、何を考えているのか分からなくて、仕事もミスばかりしていても、必ずその人には職場では見せない「やる気」や「夢」があります。しかし、「どんなに頑張っても叶わない」「この職場で夢を語っても誰も聴いてくれない」と思い込んでいるかもしれません。「夢なんか語っても仕方ないぞ。そんな恥ずかしいことをするな」と言われる不安もあるかもしれません。そんな時こそリーダーとしてどう接するかで、180度相手の人生を変えてしまうこともありえるのです。

何気ないことからヒントを見つけ、さりげなく「〇〇が好きなんやね」と言ってあげてください。きっと、「やっと私の話を聴いてくれる人が現れた」と思って、これまでたまっていた思いを語ってくれるはずです。後は、リーダーのやるべき仕事は、しっかりと「聴く」ことだけです。

夢リストを作ろう

あなたがリーダーならば、またはこれからリーダーになるならば、是非「夢リスト」を作ってください。あなたの周りの人とも一緒に夢リストを作ってください。

(1) 記入日
(2) 達成したい夢
(3) いつ達成したいか

どんなことでも構いません。実現できるかどうかなんて気にしなくてもよいです。明日達成できる夢でも構わないし、10年後に達成できるもの、人生の最後に手に入れられるものでも構いません。

最初は、仕事にかたよった夢リストばかりができるかもしれません。しかし、次第に視野が広がってきます。家族や友達と共有する夢、美容や健康に関する夢など、たくさん出てくるでしょう。

夢リストを作成すると次のような効果が得られます。

(1) 毎日がわくわく楽しく過ごせる
(2) 夢（＝ゴール）が分かっているので、行動が速くなる
(3) 何気ないところからの気づきが多くなる

夢リストを作成していると、自然と体内からプラスのエネルギーが湧いてきます。そして、そのエネルギーが波のように周りに伝わっていきます。普段の何気ない生活の中でもどんどんアイデアが湧いてきます。夢を言語化しているので、夢の達成に向けて必要なものを無意識のうちに探し回っているのです。

歩いていても、テレビを見ていても、雑誌を読んでいても、雑談していても、カフェで一人でゆったり過ごしていても、ふとした瞬間に夢の実現に直結する情報がやってきます。夢リストを作る前には気にもしていなかったものが、とてつもない「宝物」に見えることもあります。

そして、一気に夢に向けて行動が加速します。だから、周りから「あいつ、やるなあ」「すごいなあ」と憧れられるようになります。

第3節

頭ごなしに叱るから人は育たない

その叱り方で相手は納得していますか

小学校6年生の時の理科の実験中でした。未だに納得できない思い出があります。ある先生に、授業中いきなり「西！　何ぼやっとしてるねん！」と思いっきり叱られたのでした。

しかし、なぜ自分が叱られたのか今になっても理解できていません。

「叱る」という行為で気をつけなければならないのは、「叱っている理由」が相手に伝わっているかどうかです。「叱る」という行為は難しいです。怒るほうが簡単です。相手の何に対して叱っているのかが伝わらなければ、それは「叱る」ではなく「怒る」になり、とたんに人間関係が崩れてしまいます。

だから、私が新人講師の研修官を務めていた時は、「○○だから、先生は叱っているねん」と「根拠」を伝えなさいと教えていました。

また、「おまえは……」ばかり使っていると、相手は傷つくばかりか、あなたから離れていきます。

・（おまえは）なぜ遅刻したのか？
・（おまえは）なぜミスばかりするのか？
・（おまえは）なぜ人の話が聞けないのか？
・（おまえは）なぜ忘れ物ばかりするのか？

叱られた本人は、「ちょっと、私の言い分も聞いてくれよ」と思ってしまうでしょう。しかし、こんな上司であれば、「言ってもどうせ聞いてくれないし」

と考え、ついには、同僚や後輩に愚痴ってばかりになります。愚痴を聞いた同僚や後輩は、叱った上司を変なフィルターを通して見るようになるため、ますます職場の空気が悪くなります。一般的にポジティブな情報よりもネガティブな情報が数倍速く伝わるそうです。ある意味、デマもそうだと考えられます。また、「おまえは……」は、「褒める」場面でも効果が低くなることがあります。

相手が普段から「私は、理解力が人よりは低い」と思い込んでいる場合に、「(おまえは) 理解力があるね」と褒めても、褒められた側はあまり納得しません。褒められて悪い気になる人は少ないとは思いますが、**相手が納得していない点を褒めるとマイナス効果になる場合もあります**。

相手が気づかない欠点を発見しよう

新人はミスをするものです。何度やってもミスをすることもあります。その度ごとにあなたは怒鳴っていませんか。

「何でやねん！」「何回同じミスするねん！」「あれだけ言ったのに！」

怒鳴る前に、あなたがリーダーとしてすべきことはありませんか。それは、**その人と同じ動作を真似てあげること**です。

ずいぶん前の話ですが、小学生で計算がとても苦手な子がいました。他の子の正解率は高いのに、その子だけが全く正解しないのです。担当の先生が困り果てて私に相談に来ました。

授業後、その子の書いた答案をコピーしてじっくりと眺めていました。答案用紙のあちこちに強い筆圧で筆算が書かれています。一生懸命勉強している姿が目に浮かびました。その子と同じように私も筆算をやってみました。

「あっ、これは……」

すごい発見がありました。

248×36で、①まず248×6を計算し、②次に248×3を計算します。①の計算の答えは1488、②の計算の答えは744となります。筆算の式を書けば、3行目が1488、4行目が744になりますが、744は148の下に並びます。しかし、彼女の場合、744が488の下に来ていたのです。

では、なぜこのようなことが起こったのでしょうか。それを分析するために、次の日に彼女を呼び出し、もう一度筆算を書く様子を観察しました。やはり、3問に2問は途中式がズレています。最初は、「この子の理解不足かな」と思っていましたが、途中で自分でも思いがけないことに気づきました。それは「問題を解く姿勢」でした。

普通、机の上に問題集のページを開いた時には、そのページは自分の真ん前にあります。しかし、彼女の場合、自分が解くべきページはやや右側にありました。しかも、右足を上にして足を組んで問題を解いています。つまり、上半身はやや左向き、顔はやや右向き、問題集は体の右前方。むちゃくちゃな姿勢です。

「そりゃ、ズレるわ」

私はいったん彼女の手を止め、そして一つひとつ修正をしていきました。

リーダーならば相手を怒鳴りつけて叱る前に、**相手の立場に立ち、相手すら気づいていない小さなミスを発見し、そのミスの原因を突き止めなければなりません。**

よく「努力は報われる」と言われますが、私はそれは違うと考えています。いくら努力をしても努力の仕方が間違っていれば正しい結果は生まれません。同じように、間違った指導をすると、間違った答えにたどり着きます。相手がしている努力が正しいのかどうかを、相手と同じ動作で確認するのも一つの手だと私は考えます。

時には辛いところを突く

リーダーは時には「辛いところ」を突かなければならないこともあります。

私は正直、小学校や中学校の時は「優等生」だと思っていました。優等生だから、先生から褒められ、友達からも「ちやほや」されるのが愉快でした。優等生だから、何をしてもいいと考えていました。優等生だから叱られることもないと思いこんでいました。しかし、高校生になった時、衝撃の事件が起きました。それは「入学危機」でした。

高校入学前、高校でのクラス分けテストがありました。その日、私は何人かの友達と新しい学び舎となる教室で騒いでいました。机の上にあぐらをかき、同じ中学校から進学予定の友達と「我が物顔」でしゃべっていました。中学校では机の上に座っていても叱られることもなかったからです。しかし、その様子をたまたま高校の先生に発見され、「おまえら、何をやってるんじゃ！　机の上に座るとはどういうことか！　机は勉強するためのものじゃ！」と思いっきり叱られたのです。周りのまだこれから友達となるであろう子たちからはかなり白い目で見られていました。

さらにその後のクラス分けテストで私のペンは止まったままでした。英語がさっぱり分からなかったのです。英語が得意だと思っていた私は悔しくてたまりませんでした。絶対に1番を取ろうと思っていたものの、これでは「最下位」かもしれないと、すっかり自信をなくしてしまいました。

後日、テストの結果を伺うために、母親と共に高校に行きました。そして、面談をしてくださった副校長先生から痛烈な一言がありました。

「高校やめる？　高校は義務教育じゃないんだから、別にこなくてもいいよ」

テストの結果はやはり悪かったです。下から2番目でした。これまで「よしよし、いい子だねえ」とか「すごいなあ、運動も勉強もできるし」と言われてきた〝自称〟優等生にとって、人生のどん底に落ちた気分でした。

その後、母親の運転する車で自宅に帰りましたが、帰りに何を言われたのか全く記憶に残っていません。

リーダーとして、時には「叱らなければならない」場面があります。「ここを逃せばこのまま相手が調子づくかもしれない」、「ここで言わなければ、こいつは道をはずすかもしれない」という場面があります。しかし、言えないリーダーが多いのではありませんか。保身のため？　自分がかわいいため？　相手に嫌われたくないため？

そんな表面的なことばかりをしていたのでは、一時はうまくいっても、長い目で見ればかなりの痛手を食らいます。

私は仕事柄、教育の現場に立つことが多いのですが、「賢い生徒には叱らない」「できない子には叱る」とは考えていません。「普段から先生にたくさん質問するから叱らない」「普段から先生に話しかけるから叱らない」とも考えていません。「今やるべきことをやっていない」から叱るのです。ルールを守らないから叱るのです。だから、「表面上いい先生」をするつもりは全くありません。**嫌われようがどうしようが、「当たり前のことを当たり前に言う」ことがリーダーとして重要であると考えているからです。**

第4節

「感謝する」以上のことがリーダーには必要

「ありがとう」を30人に伝える

非常に人間教育に力を入れている短大で授業を持たせていただく機会があり、こんな宿題を出しました。

「相手の目を見ながら」「○○してくれて」という言葉を頭につけて、「ありがとう」を1週間で30人（同じ人は除く）に言ってきなさい。

例えば、アルバイトでレジ前に立って、職業上「ありがとうございました」

という場面を除けば、普段の生活の中で「ありがとう」を言う機会は本当に少ないのではないでしょうか。

たとえ、「ありがとう」を言えているとしても、「相手の目を見て」「○○してくれて」という条件をクリアしている方はそういません。

この宿題を出したからには、私も自分に宿題を出しました。それは「1週間で60人に『ありがとう』を伝える」という宿題です。1週間で30人も大変なのに、私は自分で60人やりきろうと誓いました。まずは、妻。「いつも一緒にいてくれてありがとう」。そして、生徒。「質問してくれてありがとう」。言われた生徒はきょとんとしていた。そして、職場の先生。「メモを置いてくださってありがとう」。だいたい初日で5人ほどでした。次に、校舎の清掃をしてくれている方に、「いつもお掃除ありがとうございます」、ピザを注文したら、届けてくれたスタッフに「いつもおいしいピザを届けてくれてありがとう」、コンビニでホットコーヒーを注文したら「ここのホット、おいしいよね。ありがとう」……。自分の行動範囲でだいたい「ありがとう」を言えるようになったら、次は全く知らない人に声をかけなければなりません。

電車に乗って、席を無理に詰めていただいた時には「席を空けてくださってありがとうございます」、駅のゴミ箱を掃除してくれている方には、飲み終わったペットボトルを申し訳なさそうに渡しつつ、「いつもお掃除ありがとうございます」……などなど、1週間で63人に感謝の言葉を述べることができました。

学生からも以下の感想が寄せられました。

・アルバイトでお客様に「ありがとう」と伝えたら、「こちらこそ、ありがとう。おいしかったよ。いい笑顔しているから、こっちも気分がいいよ。頑張ってね」と言われた。
・感謝の気持ちを言われる側のことを考えられるようになった。
・いつも思っていても「ありがとう」を今まで言えなかった。しかし、この宿題を通じて「ありがとう」と言ってみたら気持ちが明るくなりました。
・今回の宿題はできなかった。行動しない自分が情けなかった。
・お客様に「ありがとう」と伝えたら、後日お褒めの手紙をいただいた。

実際に「目を見て」「具体的に」感謝することはとても大事です。
しかし、「感謝する」ばかりがリーダーの役割ではありません。

「感謝される」リーダーになろう

「人は人についていく」とよく言われます。「あの人だから、絶対に応援したくなるんや」「あの人と一緒に仕事がしたいんや」、よく耳にするセリフです。

私は、以前勤めていた会社を辞めてからフリーの講師として独立しましたが、今でも大切にしていることがあります。それは**「仕事をさせていただいてい**

る」という感謝です。

以前は「仕事をする」「仕事をしに行く」でした。しかし、今は、「仕事があるのが当たり前」の状態ではありません。いつ仕事がなくなってもおかしくない状況にいます。だからこそ「仕事をさせていただいている」という気持ちを自然と持つようになりました。「もう来年は来なくてもいいよ」と言われたところもありますし、「その条件ならばうちでは無理やな」と断られたところもあり、金銭面でピンチになったこともあります。だからこそ、今与えられている仕事に対して「丁寧に」「心をこめて」やろうと決めています。

フリーの講師になって1年目に、「感謝される人になろう」とアドバイスをくださったある経営者の方がいました。

まさに雷に打たれた気分でした。その方は「感謝するのは当たり前。感謝される人にならないといけないよ」と、今まで誰からも教わらなかったことを教えてくださったからです。

「感謝される」側になるから、仕事が舞い込みます。「感謝される」側になるから、必要とされるようになるのです。では、どうやって「感謝される側」になれるのでしょうか。

それは3段階あると考えています。1段階目は「約束を守る」ことです。約束を守らない人はどんな場面でも信用されません。2段階目は「(予想されているよりも)速く・正確に仕事を仕上げる」ことです。期日よりも早く正確に仕上げることで、相手は非常に喜んでくれます。つまり、期待以上の結果を出すということです。そして3

段階目は「相手が喜ぶ提案をすること」です。私だけがおいしい思いをしてはいけません。私に仕事を発注してくださる方にも「今度、こんなことをやったら人が集まるんちゃいますか」と具体的な提案をすることです。相手も様々なことに困っています。現場を知っている人からの提案は、非常にありがたいものです。

あとがき

「伝えても伝わらない」「話をどれだけしても、相手が理解してくれない」その原因は相手にあるのではなく自分にあります。そしてそれを補うのはテクニックだけでは不十分である、ということを伝えるために本書を書くことを決意しました。

短期的には「うまく話すコツ」を身につけることは非常に重要です。しかし、あなたの話には聴く価値があるのかどうかは、最終的にはあなたの「人間性」にあります。「人前で話す」という役割を与えられたというのは、周囲にとってあなたが「リーダー」としての素質があるからです。しかし、その多くは「上手に話す」「恥をかかないようにする」ことばかりを意識しすぎるために、もがき苦しんでしまうのです。

「言葉」はあなたの思考の結果です。あなたの思考が良きものであれば、あなたの言葉が周りに勇気を与え、やる気を与えるのです。あなたの思考が悪ければ、皆、耳をふさいでしまうのです。長期的な取り組みになるかもしれませんが、あなた自身が常に学び続けなければなりません。

私はある人からこんな質問をされました――「もし、財産も地位も名誉も友人も家族もすべて失ったとしても、あなたはもう一度やり直せますか」。

私は今まで「見えるもの」ばかりに執着してきました。しかし、様々な人と出会い、そして語り合う中で多くの素晴らしい方が共通して考えているのが「見えないもの」つまり、「宇宙の法則」です。「宇宙の法則」というと何か宗教めいたものを感じさせますが、言い換えれば「いつの世でも正しい原理原則」です。例えば、「誠実」「真心」「感謝」「努力」などです。人のことを気にしてばかりいるから、話をするときに萎縮し、緊張してしまうのです。確かに、目の前の人は大事です。しかし、いつも何かに左右されてばかりでは、しんどくないですか。自分の中に明確な「基準」を作り、「信念」を持ち、正しい道を歩んでいけば、あなたの思考は正しくなり、あなたが多くを語らずとも、あなたの思いは伝わるのです。

教育学者であるウィリアム・ウォードは次のような名言を残しています。

～The mediocre teacher tells. The good teacher explains. The superior teacher demonstrates. The great teacher inspires.～

《日本語訳》

平凡な教師は言って聞かせる。良い教師は説明する。優秀な教師はやって見せる。しかし、最高の教師は子どもの心に火をつける。

西　雄一

[著者プロフィール]

西　雄一（にし　ゆういち）

1977 年 7 月 26 日和歌山県生まれ。

大阪外国語大学外国語学部卒業後、小 5 から通っていた学習塾に就職。学生アルバイト講師時代から含め 18 年間、英語・国語を中心に指導。その後、予備校講師として個人事業主となる。「結果がすべて」の予備校講師という厳しい世界の中で、頭一つとびぬけた存在になるために、「どうすれば伝わるのか」「生徒をやる気にさせる方法とは何か」を突き詰めて考えるようになる。さらに、「単なる英語の先生」から脱却するために、チャイルド心理学やクラスの一体感を生み出すためにチームビルディングについても学ぶ。現在は、年間 700 人以上の高校生・大学生を相手に「英語」や「ことば」に関する指導に携わりながら、社会人向けの企業研修や高校向けの教育講演会を年間約 20 回実施。主なテーマは「思いが伝わるプレゼンテーション」「目標設定」「チームビルディング」。オンラインでの研修も行っている。好きな言葉は「なんとかなる！」。

合同会社ＷＴＥ代表。国家資格キャリアコンサルタント。一般社団法人日本チームビルディング協会認定ファシリテーター。琉球四柱推命鑑定士。Yahoo! 知恵袋専門家。

合同会社ＷＴＥ
https://west-t-edu.com

装丁／横田和巳（光雅）
イラストレーション／小瀧桂加
制作／システムタンク（安田浩也・野中賢）
校正協力／島貫順子・伊能朋子
編集／大江奈保子・阿部由紀子

「話さない」伝え方

聴き上手な人に共通する会話のコツ

初版1刷発行 ● 2021年4月22日

著者

西《にし》 雄一《ゆういち》

発行者

小田 実紀

発行所

株式会社Clover出版

〒101-0051 東京都千代田区神田神保町3丁目27番地8 三輪ビル5階
Tel.03(6910)0605 Fax.03(6910)0606 http://cloverpub.jp

印刷所

日経印刷株式会社

ISBN978-4-86734-016-5 C0030